AF509027

MÉMOIRES

DE

JEAN-FRANÇOIS THOURY

PARIS. TYP. DE E. PLON, NOURRIT ET Cie, RUE GARANCIERE, 8. — 16.

MÉMOIRES

DE

JEAN-FRANÇOIS THOURY

1789-1830

Publiés par Charles BOŸ

PARIS

LIBRAIRIE PLON

E. PLON, NOURRIT et Cie, IMPRIMEURS-ÉDITEURS

RUE GARANCIÈRE, 10

1895

Tous droits réservés.

NOTE DES ÉDITEURS

Jean-François Thoury, dont nous publions les Mémoires inédits, est mort en 1833, libraire à Mitau, dans la province de Courlande. Hôte de la Russie pendant près de quarante ans, il en a peint les mœurs avec une touchante ingénuité ; car il aima la patrie d'adoption qui l'accueillit errant, presque sans pain, après les fatigues et les traverses d'une périlleuse émigration, et, gardant pour sa nouvelle patrie toute sa reconnaissance, il ne conservait de la France, d'où l'avait chassé la Révolution, que le souvenir de son douloureux exode.

Il ne fut point un de ces proscrits à l'âme généreuse qui pardonnent; toutefois, s'il n'a pas témoigné de cette hauteur de sentiments et de pensées qui préside aux grandes destinées, s'il fut sur une scène immense un acteur modeste, il n'en a pas moins eu, si petite qu'elle soit, sa place dans le grand drame de la Révolution, où tous les rôles ont un intérêt. A ce titre ses Mémoires méritaient d'être publiés. Ils étaient restés longtemps entre les mains de sa veuve, qui les légua à un ami de son mari, M. Eymann, en lui confiant la tâche de les faire imprimer; celui-ci mourut à son tour sans avoir pu remplir sa mission; mais il l'a transmise à M. Charles Boÿ, professeur au gymnase de Mitau, qui accomplit aujourd'hui avec nous les intentions de la testatrice.

MÉMOIRES

DE

JEAN-FRANÇOIS THOURY

CHAPITRE PREMIER

Ma naissance. — Mes opinions royalistes. — Mon arrestation à Sainte-Menehould.— En prison à Châlons. — Mon évasion. — L'auberge de la mère Mathieu. — Passage à Verdun.— Le capitaine Gobelet. — Metz. — Le dévouement des servantes.

Jean-François Thoury est mon nom, la France ma patrie, Inaumont (à une lieue de Château-Porcien et de Rethel) le lieu de ma naissance et Châlons-sur-Marne ma ci-devant résidence.

Je ne parlerai point de ma jeunesse, qui fut à peu près comme celle de tous les jeunes gens gâtés par la tendresse de leur mère :

la mienne le fut d'autant plus que ma mère n'avait que moi et qu'elle aimait mieux pleurer sur mes petits défauts que de les punir; c'est en dire assez à ce sujet pour faire entendre que je n'ai pas tout à fait vécu comme un ange; mais je puis cependant assurer que jamais je n'ai fait aucune action méprisable, ni ne me suis plongé dans les vices honteux qui déshonorent la plus grande partie de la jeunesse; j'aimais à être aimé, et voilà tout.

Ma mère donc, sans avoir éprouvé beaucoup de chagrins par ma faute, a fait beaucoup de dépenses pour moi ; mais la raison et l'esprit d'économie m'étant venus aussitôt je que fus marié et quand je commençais à lui donner beaucoup de joie, la Révolution est arrivée, détruisit toutes mes belles résolutions à son égard et nous sépara pour jamais.

Avant et pendant la Révolution, je fus toujours reconnu pour être sincèrement attaché au parti du Roi, parce que tous mes protecteurs et toutes mes espérances en dépendaient. Plusieurs fois je fus tenté d'émigrer et j'en ai eu l'occasion, surtout à l'époque où je fus envoyé au général Dumouriez par le commissaire de l'Assemblée nationale à l'époque où le Roi de Prusse et les émigrés étaient en Champagne ; mais ma femme et mes enfants me retinrent, et je restai dans les bureaux du 'département. Quels regrets n'aurais-je pas eus si j'avais alors abandonné ma place, puisqu'elle m'a procuré plusieurs fois le précieux avantage de servir mes amis, d'être utile à mon parti et surtout de contribuer à sauver la vie à l'abbé Daniel, aumônier des Gardes du corps du Roi de France, le plus vertueux des hommes que j'aie connus et que la Providence m'a fait retrouver dans mes malheurs pour me secourir à son tour ! Mais je parlerai de lui plus tard ; seulement je dois dire ici que, dès ce moment, la haine se déchaîna contre moi et que je ne pus lui résister.

Un membre du département de la ville de Reims, nommé par la crapule, un sans-culotte abominable, qui venait tous les jours au département avec des sabots et un bonnet rouge sur la tête, me dénonça, me fit destituer ; je fus forcé de m'éloigner de Châlons et d'aller à l'armée de Valence, qui était alors dans les Pays-Bas, où je trouvai le repos et une excellente place en qualité de secrétaire du régisseur général des vivres (**M. Gigot**) ; mais je ne dois pas anticiper sur les événements ; ils viendront chacun à leur tour.

Parmi toutes les preuves que je pourrais donner de la pureté de mes sentiments et de ma conduite dans la Révolution, je ne parlerai que des persécutions en tous genres que j'ai essuyées à Châlons, dénonciations aux clubs, emprisonnements, confiscation de tout ce que j'avais, enfin arrêté des corps administratifs pour me faire conduire au tribunal révolutionnaire à Paris : tels furent les coups qui m'ont été portés par les vils agents du despotisme de Robespierre; je m'en honorerai jusqu'au dernier moment de ma vie, comme étant la preuve la plus certaine de ma probité.

Après ce court préambule, je commence.

Destitué de mon dernier emploi pour n'avoir pas prêté un serment civique, et retournant de Metz à Châlons vers le 7 ou le 8 décembre 1793, j'arrivai à Sainte-Menehould, où je descendis à l'auberge du Soleil-d'Or. J'y fus reconnu par un nommé Gillet, mon ancien perruquier, à qui, depuis près d'un an, je n'avais pas adressé une parole et que j'avais cependant très bien payé en le quittant. Ce monstre alla me dénoncer à un autre scélérat nommé Alphonse, ancien courtier de Paris et membre de l'armée révolutionnaire, qui me fit arrêter sur-le-champ avec tout l'appareil réservé au plus grand criminel. Cet Alphonse ordonna à sa troupe, armée de piques hautes de dix pieds, de me fouiller pour voir si je n'avais point de poignard caché dans mes poches : il l'exhortait d'un ton pathétique à se souvenir de la mort de Lepeletier et de Marat, victimes de l'aristocratie.

D'abord je fus mis aux arrêts, puis interrogé, ensuite mené en prison et reconduit à Châlons, de brigade en brigade, comme un malfaiteur, et tout cela par ordre du Comité de surveillance de Sainte-Menehould, dont le Président était un nommé Léger, mon ancien camarade d'études, que j'aurais voulu voir pendre pour le mal qu'il a fait souffrir à quantité d'honnêtes gens.

Enfermé dans les prisons de Châlons, où je restai près de trois mois, j'y éprouvai, malgré la bonne société qui s'y trouvait, tous les ennuis et les horreurs de la captivité. Lorsque je voyais, à travers les barreaux, des mendiants qui se promenaient dans la rue, j'enviais leur sort ; j'étais privé de voir ma femme et mes enfants. Lorsque ma servante m'apportait à dîner à travers le guichet, elle amenait souvent ma fille Victoire, et cette enfant me disait chaque fois : « Mon Papa, tu ne veux donc plus revenir chez nous ? » Je partais et je maudissais mes ennemis ; mais *jamais* je ne me suis abaissé à leur faire une prière ; au contraire, je les traitais avec le plus souverain mépris. Lorsqu'on vint me chercher à la prison pour aller au tribunal afin de visiter ma cassette et de m'interroger, c'était le capitaine Regnaud, mon beau-frère, qui commandait l'escorte. Il me disait de crier : « Vive la liberté ! » affirmant qu'alors je serais relâché ; mais je lui répondis en me moquant de lui et de ses sans-culottes : « Oui, je crierai : Vive la liberté ! quand je ne serai plus entre vos griffes. »

Souvent j'ai rencontré dans la prison mon beau-père, qui y venait comme juge du tribunal de commerce. C'était un enragé patriote, qui s'était permis de faire des remontrances à Louis XVI lorsque celui-ci revint de Varennes ; il voulait aussi me forcer à faire

des soumissions, qui n'auraient servi qu'à
m'avilir ; mais je le rudoyais en lui tournant
le dos et je rentrais avec les autres prisonniers.

On fouillait jusque dans mon manger ;
mais, malgré cette surveillance, ma famille
me fit savoir un jour, par un petit billet
dissimulé dans ma salade, laquelle heureusement ne fut pas retournée ce jour-là,
qu'un ordre des corps administratifs était envoyé à la maréchaussée pour me conduire au
tribunal révolutionnaire à Paris, et que, s'il
y avait eu des chevaux de poste disponibles,
je n'aurais même pas couché ce soir-là dans
ma prison.

Il n'y avait pas à balancer : il fallait me
sauver, ou aller à la guillotine. Voilà comme
les scélérats voulaient se débarrasser de
moi, sans m'avoir accusé de rien. Ce coup,
dont j'étais redevable à sept Jacobins, nom-
més Yosse, Beaumont, Maréchal, Langelin
père et fils, Pichard et Le Grand, tous

membres du département et du district de
Châlons, ce coup, dis-je, me jeta dans un
état affreux. J'étais comme anéanti; je tremblais du peu de temps qui me restait pour
pouvoir me sauver des mains de mes ennemis; mais un Être plus puissant qu'eux
m'arma de courage, et voici comment je
parvins à recouvrer ma liberté.

Je n'avais pas un moment à perdre et la
fenêtre d'un corridor donnant sur la rue
était le seul endroit de la prison par où je
pouvais sortir sans être vu; mais, pour ouvrir cette fenêtre, il fallait briser plusieurs
barres de bois qui la tenaient fermée en
travers; il fallait des outils et des cordes
pour descendre dans la rue, et toutes ces
choses me manquaient. Je voyais même
l'impossibilité de pouvoir me les procurer;
malgré cela je ne me décourageai pas, je
pensai à mes draps de lit et je me mis à l'ouvrage avec un mauvais couteau que j'avais.

D'abord je fis une espèce de scie avec mon
1.

couteau, que je viens d'appeler mauvais bien à tort, car il fallait au contraire qu'il fût d'une bonne trempe pour me permettre de couper, comme je l'ai fait, plusieurs têtes des clous avec lesquels les barres étaient attachées. Ce travail, quoique pénible, me réussissait parfaitement et, lorsque j'étais forcé de retourner avec mes camarades pour ne pas laisser soupçonner mon absence, je figurais des têtes de clou avec un mortier de ma composition afin de remplacer les véritables. Jusque-là les choses allaient bien ; mais, pour achever ce que j'avais si heureusement commencé, il me fallait un instrument très fort qui fit sauter les barres et une très longue corde qui me permit de descendre. J'étais cruellement inquiet ; mais voici de quelle manière tous ces secours inattendus me sont arrivés.

Un maçon, appelé vulgairement le père Mingot, patriote enragé, vint travailler dans la prison, s'en alla le soir et laissa précisément dans le corridor, vis-à-vis ma porte, un gros marteau à deux têtes et un panier rempli de cordes.

Lorsque ma vue fut frappée de ces objets, ma première pensée fut que c'était la Providence qui m'envoyait ce secours, car je ne pouvais croire qu'il me vînt de ma femme : 50 louis n'auraient pas pu corrompre mon maçon patriote. Mon cœur fut donc alors rempli d'espoir et de courage ; mais, avant de partir, il m'arriva un fâcheux contre-temps, que je ne puis passer sous silence. Nous étions dans la prison, comme je l'ai déjà dit, en fort bonne compagnie ; il s'y trouvait, entre autres, un général et un capitaine ir-landais, qui étaient des joueurs déterminés et qui me forçaient tous les jours à jouer avec eux, malgré ma répugnance pour le jeu ; mais, chose bien extraordinaire, j'ai gagné à ces Messieurs beaucoup d'argent dont une partie m'a servi dans ma fuite ; j'en envoyai même plusieurs fois à ma femme de ma prison. La veille de ma fuite, mon capitaine avait encore perdu et il voulut absolument prendre sa revanche. J'eus beau vouloir imaginer toutes sortes de prétextes pour me dispenser de jouer dans ce moment, car j'avais bien autre chose à faire et à penser; mais il m'entraîna malgré moi; il fallut me mettre à jouer; j'étais si ému et je trem·blais si fort que j'étais obligé d'appuyer mes deux coudes sur la table pour ne pas laisser échapper les cartes de mes mains; je n'y voyais plus et je ne conçois pas comment le capitaine ne s'est pas aperçu de mon trouble; il gagnait et sans doute son bonheur l'aveuglait aussi; nous étions donc deux aveugles, mais bien différemment disposés.

Enfin, je n'avais plus de temps à perdre, l'heure du souper des prisonniers et de la visite du geôlier allait sonner; je quittai brusquement mon capitaine, comme si c'eût été le désespoir de perdre qui me faisait fuir, mais je ne perdis point la carte. J'examinai

d'abord dans toutes les chambres si personne
ne manquait d'eau, dans la crainte d'être
surpris par quelqu'un qui aurait pu en avoir
besoin; enfin, avant de porter les grands
coups, j'essayai de manger un peu de ce
que ma femme m'avait envoyé pour mon
dernier souper à Châlons, afin de prendre
des forces; mais il me fut impossible d'avaler
un seul petit morceau de pain, ni de viande;
mon gosier était entièrement fermé; je ne
pouvais concevoir cela, et j'en fus réellement
effrayé; mais j'avalai presque en entier une
bouteille de vin. Cela ranima mon cœur et
échauffa ma tête : j'avais besoin de tous les
deux.

Voyant que tout était tranquille, je fei-
gnis d'avoir besoin de prendre l'air, et en
cela je ne mentais pas; je courus à mon
panier et à mon marteau. Mon cœur palpi-
tait avec violence, car mon sort dépendait
du succès de cette entreprise périlleuse. Je
fis sauter les barres de la fenêtre le plus les-

tement et avec le plus de dextérité possible ;
j'attachai ma corde à l'une des barres ; j'ou-
vris la fenêtre, je sortis dehors entre les barreaux de fer avec ma corde et je me laissai
tomber dans la rue d'une hauteur d'environ
40 pieds, car j'étais au second étage.

Ce fut dans la nuit du 5 au 6 février 1794
que j'échappai ainsi au couteau sanglant
de la guillotine ; lorsque je me trouvai dans
la rue, je me sentis comme déchargé d'un
poids énorme ; j'éprouvai un doux frémis-
sement ; mais j'étais en même temps si
troublé que, après avoir marché un quart
d'heure, au lieu d'arriver à la porte de la
ville par laquelle je devais sortir, je me
trouvai à celle qui était directement oppo-
sée et qui était fermée. Cependant je conser-
vai toute ma présence d'esprit ; je rebroussai
chemin et je passai devant chez moi, où
j'aperçus à la lumière ma femme et mes
enfants. Je brûlais du désir d'aller les embrasser, peut-être pour la dernière fois,

mais j'avais déjà perdu trop de temps, et je craignais que consigne ne fût donnée à la porte de m'arrêter ; je fis en outre réflexion que cette séparation serait trop pénible, et je pris la résolution de m'éloigner en hâte de ceux qui m'étaient les plus chers sans pouvoir leur faire mes tristes adieux ; mais si jamais mes enfants lisent ce journal, elles pourront se dire que leur père n'a jamais repensé depuis à ce moment sans émotion.

Arrivé à la porte de la ville, la sentinelle me cria dans l'obscurité : « Qui vive ? » Je répondis d'une voix ferme : « Républicain ! » et elle me répliqua, chose bien singulière : « Passe, coquin ! » L'épithète était fort bonne, et je passai sans éprouver le moindre obstacle.

Mes jambes, cette nuit, ne me servirent jamais avec plus de courage ; la peur me donnait des ailes ; je courus, presque sans m'arrêter, tant à travers champs que sur la grand'route, jusqu'au village de Tilloy, qui est à environ quatre lieues de Châlons ; j'y arrivai vers une heure du matin.

Je n'avais presque rien mangé de la journée en route ; je sentais mon estomac tomber de besoin. La crainte de me faire arrêter ne me permettait pas d'entrer dans une auberge et je fus obligé de sucer de la glace pour apaiser ma faim et étancher ma soif. Jamais je ne m'étais régalé d'un pareil mets ; je le trouvai délicieux, ce qui prouve que l'estomac se contente à peu de frais.

Ce fut à la porte de la brave mère Mathieu que je frappai, en m'annonçant comme ami ; d'abord elle eut de la peine à m'ouvrir ; cependant elle me fit entrer ; mais, lorsqu'elle me vit dans l'état où j'étais, lorsque je lui eus raconté mon évasion, la peur s'empara d'elle si fortement qu'elle tremblait comme si elle eût déjà vu la guillotine. La pauvre femme n'avait pas tous les torts, car il était fort dangereux alors d'en recéler un gibier

chez soi. Je n'étais guère plus rassuré qu'elle
et j'aurais déjà voulu être bien loin ; mais
j'étais si fatigué qu'il m'eût été impossible de
faire cent pas de plus. Lorsque je lui parlai
de passer le reste de la nuit chez elle, ce fut
une bien autre crise ; elle ne voulait absolument pas y consentir ; elle se figurait déjà
voir une armée arriver pour nous enlever,
elle, moi et toute sa maison. Alors, je pris
le parti d'aller éveiller son fils, ancien abbé,
que je connaissais pour un homme de fer-
meté ; et en effet il eut plus de courage que
sa mère, il chercha à calmer ses inquiétudes
avec les moins mauvaises raisons qu'il put
trouver, me fit arranger un lit dans l'endroit
le plus reculé de la maison. Je demeurai
couché là jusqu'au lendemain soir, non sans
crainte d'être découvert dans le courant de
la journée ; mais Dieu ne le permit pas ;
après m'avoir aidé à briser mes fers, sa justice me réservait encore l'épreuve de bien
d'autres événements.

Avant de partir je soupai avec l'abbé, que j'avais prié d'envoyer chercher des chevaux de poste pour me conduire jusqu'à Sainte-Menehould. Lorsque je dis adieu à mes hôtes, je voulus payer ma dépense; mais cette brave femme, qui sentait sûrement tous les besoins auxquels j'allais être en proie, ne voulut absolument rien recevoir. J'ai été si sensible à l'intérêt que cette famille parut prendre à mon sort que j'aurais été fâché de passer ce trait sous silence, étant bien aise d'en perpétuer à jamais le souvenir.

Les ombres de la nuit, jointes à un brouillard très épais, favorisaient ma fuite et tranquillisaient mon âme, encore très inquiète. Arrivé près de Sainte-Menehould, je renvoyai mon postillon sous prétexte que j'allais descendre chez un de mes amis demeurant à l'entrée de la ville et que je ne voulais pas faire de bruit; mais mon intention était bien différente. La scène qui s'était passée au Soleil-d'Or était encore trop présente à mon esprit pour que je voulusse me montrer nulle part; je craignais de retrouver encore quelque perruquier comme maître Alphonse et je continuai ma route à pied jusqu'aux Islettes, où j'attendis la nuit suivante pour me remettre en route.

Les mauvais temps survenus tout à coup, et l'obligation où j'étais de ne marcher que la nuit furent cause que je n'arrivai à Metz que le 11 février, cinq jours après mon évasion. Je passai à Clermont sans éprouver d'obstacle; mais, arrivé à la porte de Verdun, je faillis me trouver dans le plus grand embarras avec la sentinelle qui me demanda mes passeports. Sans me laisser intimider, je lui répondis fièrement que j'étais de la garnison, et heureusement qu'elle voulut bien se contenter de cette réponse, car je n'avais ni papier, ni passeport, et je me serais vu infailliblement reprécipiter dans l'abîme, si ce soldat eût été plus investigateur.

Cette petite altercation avec la sentinelle m'avait un peu ému; mais, ayant appris que mon unique ami le capitaine Gobelet était en garnison à Verdun, je me crus hors de danger. Pour ne pas interrompre le récit de ma fuite, je remets à parler plus tard de cet ami, qui joue un si grand rôle dans les événements de ma vie. Je me fis donc conduire chez lui, où je restai caché une couple de jours pour me remettre un peu de mes secousses et de mes fatigues, et le troisième jour, après avoir concerté avec lui la route que je devais suivre, il me conduisit hors de la ville; on laissait sortir tout le monde et la difficulté n'était que pour entrer.

Cet ami me devait de l'argent pour avoir eu sa femme en pension chez moi pendant plusieurs mois, mais nous ne dîmes pas un mot de cette affaire; nous nous dîmes adieu sans beaucoup d'espérance de nous revoir, et pourtant, dix ans après, nous nous retrouvâmes à Paris : on verra ce que fut cette réunion.

En route, tous mes désirs étaient d'être arrivé à Metz, parce que là j'étais non seulement dans la dernière ville de guerre, mais encore parce que j'étais sûr de pouvoir y demeurer caché aussi longtemps que je voudrais dans la maison d'un conseiller chez qui j'avais logé; j'avais là une amie assurée qui me donnerait tous les secours qui seraient en son pouvoir.

Mais, avant de pousser plus loin le récit de mon voyage, je ne puis me dispenser, pour ne pas taire une aventure qui m'arriva en entrant en Allemagne et qui faillit me jeter dans une affaire terrible, d'entrer ici dans le détail de la connaissance que j'avais faite un jour de ce conseiller, dont je viens de parler. Bien que je le croie mort, je cacherai son nom, parce qu'il faut laisser les morts en paix; je dois dire un trait de la plus noire ingratitude que j'essuyai de sa part, trait qui ne pourrait que couvrir sa mémoire de mépris aux yeux de tous les honnêtes gens.

A l'époque où je connus ce conseiller, je faisais ma résidence à Metz ; il s'était re tiré à la campagne pour être moins exposé aux persécutions, et, par conséquent, sa maison était vide ; après plusieurs visites réciproques, il m'engagea si fortement et de si bonne grâce à quitter mon logement pour aller occuper cette maison, que j'aurais cru réellement lui manquer de politesse si j'avais refusé d'accepter ses offres ; mais il avait ses vues. Il croyait que sa maison serait plus à l'abri des recherches si elle était occupée par un employé de l'armée. J'entrai donc chez lui et j'eus même le plaisir de l'y recevoir quelquefois. Enfin, je regardais tellement ce M. le conseiller comme mon ami que j'exposai ma vie, ainsi qu'on verra par la suite, pour ses intérêts. L'expérience m'a prouvé clairement combien ses caresses étaient perfides. Dans ce temps-là, je pouvais me passer de sa maison et de ses services ; alors le lâche m'accablait d'amitiés.

Mais lorsque j'eus recours à lui dans la position la plus terrible où un homme d'honneur puisse se trouver, lorsque je mourais de faim, il me refusa un louis d'or, à moi qui lui avais sauvé pour plus de dix mille livres d'effets précieux, sous la main même des brigands qui déchiraient et volaient la France entière.

Ce refus était plus humiliant pour lui que pour moi ; mais si, d'un côté, cette ingratitude et cette perfidie de la part de celui que je croyais mon ami m'ont été sensibles, je ne dois pas, d'un autre côté, laisser ignorer les services que me rendirent les deux filles qu'il avait laissées chez lui en qualité de gardiennes ; plus nobles mille fois que leur maître, ce sont elles qui m'ont nourri et tenu caché pendant plus d'un mois dans la maison, malgré le décret de mort prononcé contre quiconque recélerait chez soi un homme suspect et surtout évadé des prisons. A chaque instant c'étaient des visites domiciliaires pour le blé ou la farine ; dix fois elles essuyèrent

des crises affreuses dans la crainte que je ne
fusse découvert. Le jour surtout où les commissaires vinrent apposer les scellés sur les
meubles du conseiller, elles eurent une peur
si terrible qu'elles en tremblaient encore
trois heures après. Lorsqu'on frappait à la
porte, j'allais me cacher tantôt dans un trou
pratiqué sous un escalier, où je demeurais
quelquefois deux heures entières à moitié
courbé, tantôt dans un faux grenier où je
me couchais dans l'ordure derrière une cheminée. Je laisse à penser, en sortant, comme
j'étais joli garçon ; mais, je dois le dire à la
louange de ces deux braves filles, jamais leurs
attentions pour moi ne diminuèrent, malgré
la pénible existence qu'elles eurent tout le
temps que je demeurai près d'elles.

A l'égard de mon amie Mlle Chabord, nièce
d'un chanoine, mes espérances ne furent
pas trompées non plus ; elle avait appris
mon emprisonnement avec beaucoup de
chagrin, et, lorsqu'elle me revit, sa joie fut

au-dessus de toute expression. Jamais je
n'oublierai son attachement pour moi ;
tous les jours elle venait me voir et m'apportait des secours et des consolations dans
ma nouvelle prison ; elle travailla à re-
monter ma garde-robe, qui était dans un
triste état, car je n'avais, en linge et en
habits, que ce que j'avais sur le corps. J'i-
gnore toutes les démarches qu'elle fit à ce
sujet ; mais tout ce que je sais, c'est que,
dès le lendemain, je me vis au-dessus de
tout ce qui m'était nécessaire dans les circonstances où je me trouvais.

Lorsque le moment de partir fut arrivé,
comme je n'avais pas assez d'argent pour
récompenser, aussi honnêtement que je l'aurais désiré, mes deux braves filles, je leur
fis un billet d'honneur de dix louis, paya-
bles quand je pourrais, et, dix ans après, je
leur envoyai ces dix louis de la Courlande,
avec une lettre de reconnaissance.

CHAPITRE II

Mon amie me parlait souvent du passage
des frontières ; elle tremblait pour mes
jours à l'idée des hordes d'assassins dont
elles étaient bordées. Toutes ses réflexions
ne laissaient pas que de m'inquiéter ; mais,
lorsque mon parti fut pris, je ne voulus entendre parler de rien ; elle prépara mon petit
porte-manteau que l'on remit à un voiturier
de Sarrebrück et, le 28 mars, à 6 heures du
matin, après avoir fait mes adieux à mon
amie et à mes deux généreuses servantes,
je sortis de Metz pour me rendre à Merten,

village près de Sarrelouis et distant d'environ neuf lieues de Metz.

Arrivé là, on me donna pour guide un Allemand, un parfait honnête homme, mais qui malheureusement ne comprenait pas un mot de français et ne connaissait qu'imparfaitement le pays. Cette dernière circonstance m'inquiétait beaucoup ; cependant la nuit arriva, et nous nous mîmes en route pour Sarrebrück, à travers les bois et les montagnes. Je craignais les grands chemins, qui étaient toujours remplis de soldats.

Lorsqu'il croyait les passages dangereux, mon guide me faisait courir à toutes jambes. Enfin le jour parut comme nous nous trouvions au coin d'un bois ; j'examinai les alentours, j'aperçus une ferme à environ un quart de lieue de nous ; mais je ne voyais ni chemin, ni aucun indice qui me fît croire que nous étions du côté de Sarrebrück. Je me décidai à parler pour la première fois à mon guide, au risque de ne pas être compris. Je

lui dis que je ne voulais pas aller plus loin,
sans savoir où était Sarrebrück ; j'accom-
pagnai mes paroles de tant de mouvements
et gesticulations qu'il comprit que c'était le
chemin qui m'inquiétait. Il me fit asseoir et
courut à la ferme chercher des renseigne-
ments. Je m'impatientais de ne pas le voir
revenir; mais cependant, au bout d'une demi-
heure, je le vis reparaître en me faisant signe
de le joindre. Je me remis en route de
nouveau sous sa conduite, et, après une
demi-heure de marche, nous aperçûmes les
tours de la ville. Mon guide, qui avait sûrement appris que les sans-culottes étaient en
grand nombre dans ces environs, ne voulait
plus m'accompagner. Je l'engageai de si
bonne grâce à ne pas encore m'abandonner
qu'il vint avec moi jusqu'aux premières maisons du faubourg ; mais arrivé là, il m'embrassa en me serrant la main, rebroussa
chemin bien vite et ne voulut avoir aucune
conférence avec les patriotes.

Une fois dans Sarrebrück, je croyais mes jours en sûreté ; mais j'avais encore bien des dangers à courir. Il fallait d'abord pouvoir entrer dans la ville, passer la Sarre et traverser tous les postes avancés, où l'on exerçait la plus sévère surveillance ; voici comment j'effectuai heureusement ces différents passages dangereux.

Aussitôt que mon guide m'eut quitté, j'entrai chez une pauvre femme que je payai pour nettoyer mes bottes et mes habits ; je changeai de linge et me donnai un petit air de propreté. J'en avais grand besoin, car j'étais sale comme un barbet d'avoir marché toute la nuit dans la boue. Ma toilette finie, je m'affublai du bonnet rouge, que m'avait donné mon amie de Metz, et affectai, le plus que je pus, l'air d'un vaurien. C'était la meilleure recommandation ; j'avance hardiment à la faveur de ce déguisement vers une foule de canonniers qui manœuvraient à deux batteries placées sur la route. Je passe au

milieu d'eux sans les honorer d'un seul regard ; trop de politesse aurait pu me perdre.
Enfin, parvenu aux portes de la ville en
soutenant fidèlement mon rôle, je traverse
également toutes les gardes, qui examinaient
de pied en cap le faux jacobin : tout le monde
respecta mon bonnet. La fureur était telle,
dans ce temps-là, pour ce signe d'infamie
que j'ai vu jusqu'à des femmes s'en couvrir
la tête ; mais ce n'étaient que des dévergon-
dées qu'aucun costume ne pouvait plus désho-
norer.

J'allai droit à l'auberge du Cerf, où mon
porte-manteau était déjà arrivé. Le maître
de cette maison m'était connu pour un parfait homme. Je lui fis le récit de mes aventures en peu de mots et lui demandai ses
conseils. Son avis fut qu'il fallait absolument
passer la Sarre et sortir le même jour. Il
m'envoya chercher, à une lieue de la ville,
un ancien soldat du Prince pour me servir de
guide. Lorsque ce dernier fut arrivé et nous

eût tracé la route que nous devions suivre, tant de jour que de nuit, mes effets furent placés dans un sac que mon guide mit sur ses épaules, et nous partîmes. Il m'ordonna de marcher à cinquante pas derrière lui, de garder mon bonnet rouge sur ma tête et de ne point le perdre un instant de vue. Je passai la Sarre entre Sarrebrück et Saint-Jean, traversai toutes les gardes et les postes avancés en plein jour, sans éprouver le moindre obstacle.

Dans tous les moments où j'avais le plus sujet de craindre, je n'éprouvais pas la plus petite frayeur ; mais, chose que je ne puis concevoir, la peur me prenait toujours lorsque le danger était passé. Je tremblais comme si je me trouvais repris ; lorsque mon guide me voyait dans cet état, il tâchait de me rassurer, mais souvent il m'était impossible, malgré mes efforts, de vaincre ma frayeur ; comment ne pas remarquer dans cette circonstance le doigt de

la Providence, qui ne m'ôtait mon courage
que pour me faire mieux sentir sa protection
dans les moments les plus périlleux ?

Arrivé dans un village situé au milieu des
bois, je restai là caché, en attendant la nuit,
pour nous remettre en route ; c'était le dernier endroit jusqu'où les Français s'étaient
montrés. Lorsqu'il fut nuit, mon guide s'arma
d'un fusil et moi d'un pistolet, et nous nous
jetâmes dans les bois. Après avoir marché
environ quatre heures, la moitié du temps
dans la boue des marais jusqu'aux genoux,
nous arrivâmes dans un mauvais hameau, où
nous aperçûmes encore de la lumière dans
une maison ; mon guide frappe à la porte,
on ouvre et nous entrons. Tout le monde
dans cette maison était dans la plus grande
agitation. Le chef de famille, qui vit à mon
accoutrement que j'étais un malheureux
Français fuyant sa patrie, s'écria tout à
coup en assez bon français, ce qui m'étonna
dans un tel endroit : « Monsieur, que venez-

« vous faire ici ? Une patrouille sort à l'ins-
« tant de chez moi ; elle est encore dans les
« environs. Sauvez-vous ; car, si elle vous
« trouvait, vous seriez perdu ; ce sont des
« gueux qui m'ont tout enlevé, jusqu'au
« dernier jambon qui était dans ma chemi-
« née. » Cet homme était un maréchal français, qui s'était marié dans ce pays-là ; mais, à
son discours aussi énergique que salutaire
à suivre pour moi, je ne balançai pas à prier
mon guide de me sortir bien vite de cet endroit. Alors un combat terrible s'éleva entre
nous deux. Soit peur, soit envie de me faire
payer cher ses services, il me dit qu'il ne voulait pas avancer davantage, ni risquer de tomber entre les mains des Français. Jamais position ne fut plus terrible que la mienne ; j'étais
comme sur des charbons ardents dans cette
maison ; mais comment fuir seul, au milieu
d'une nuit obscure, dans un pays inconnu, rempli de bois et surtout, ce qui était bien plus
terrible pour moi, de patriotes ? Je frémissais

en lui reprochant sa lâcheté de m'abandonner au dernier moment. Heureusement l'idée me vint de sortir de ma bourse et de mon portefeuille tout ce que j'avais, à l'exception de douze francs, en le priant au nom de Dieu de me sauver la vie. J'ignore si c'est la pitié que je lui inspirai, ou l'appât de mon argent qui l'ébranla, mais je suis tenté de croire que ce fut l'un et l'autre; car il ramassa tout, remit mon paquet sur son dos et nous partîmes. Il pleuvait alors, mais la pluie, le vent et tous les éléments déchaînés contre moi ne m'auraient pas retenu.

Sentant l'inutilité de mon pistolet, je le remis à mon guide pour m'armer d'un couteau bien tranchant et bien effilé, chose peut-être tout aussi inutile, mais qui me parut dans l'instant beaucoup plus propre à me défendre longtemps en cas d'accident. Je marchais, mon bâton dans une main et mon couteau dans l'autre, avec la ferme résolution de me défendre jusqu'à la dernière extrémité, si j'avais le malheur de tomber entre les mains des patriotes ; eussent-ils été plusieurs contre moi, j'aurais frappé à droite et à gauche jusqu'à ce que je me fusse échappé, ou que je fusse tombé sous leurs coups. Telle fut la cruelle anxiété dans laquelle je restai au moins une heure et demie ; mais Dieu nous a conduits comme par la main à travers les plus grands dangers. Plus nous avancions et moins nous avions à craindre ; enfin nous arrivâmes, à la pointe du jour, dans un village d'où les troupes autrichiennes n'étaient plus qu'à un quart de lieue et où on nous assura que nous n'avions plus rien à craindre. Alors je commençai à respirer librement, et mon cœur, qui deux heures auparavant était noyé d'inquiétude et d'amertume, se livra à la joie la plus pure et la plus vive qu'il eût jamais ressentie ; mais je n'en pouvais plus ; je tombais de fatigue et de besoin. La première chose que je demandai fut à manger ;

on nous apporta la moitié d'un cochon de
lait, que nous dévorâmes avec mon guide;
et, lorsque je fus rassasié, je voulus faire
quelques pas; mais il me fut impossible de
me lever de dessus ma chaise; mon guide
fut obligé de m'aider pour me traîner jusqu'au lit, c'est-à-dire jusqu'à deux bottes de
paille étendues dans le coin de la boutique
d'un tisserand, sur lesquelles je restai pendant vingt-quatre heures. Enfin, comme je
me disposais à me remettre en route, arrivent deux jeunes gens de Sarrebrück, qui
fuyaient également leur pays. Après qu'ils
m'eurent raconté la manière dont ils s'é-
taient échappés et qui n'avait rien d'extraordinaire, je leur témoignai combien j'étais
charmé de leur rencontre; mais, lorsqu'ils
apprirent que je m'étais sauvé des prisons,
ils auraient voulu savoir tout de suite le détail de mes aventures. Je les priai d'attendre
que nous nous fussions mis en route; ce que
nous fîmes peu après.

Bientôt nous aperçûmes la première ve-
dette autrichienne. Je n'entreprendrai pas de
décrire les sentiments qui m'agitèrent à cette
vue. Tous les transports et les ravissements
d'un malheureux qui a gémi dans les prisons
et craint pour sa vie et qui se voit rendu à
la liberté, je les éprouvai à la vue de ce
cavalier. J'étais si hors de moi que j'eus
plusieurs fois l'envie d'aller lui sauter au cou
comme si c'eût été mon libérateur et mon
appui ; quelque chose que je ne puis définir
semblait me reprocher mon ingratitude envers ce soldat, à qui je n'allais pas témoigner
ma reconnaissance pour le repos que sa
présence rendait à mon âme.

Lorsque nous fûmes près de lui, il nous
conduisit à la première garde, qui détacha
deux hommes pour nous conduire à l'état-
major. Ce fut dans cet instant que je fis mes
adieux à mon malheureux pays, pour tout
le temps qu'il serait au pouvoir des horribles
factions qui le gouvernaient. Je me sentais

si léger et j'avais le cœur si content de me
voir fuir bien loin ma patrie, qu'il me semblait que je ne pourrais jamais la regretter ;
mais les suites me firent connaître mon
erreur ; car, si heureux qu'on soit dans d'autres pays, on ne peut pourtant jamais oublier
celui qui vous a vu naître.

Arrivé à l'état-major, on nous délivra un
passeport pour mes compagnons et moi, avec
ordre à deux soldats de nous conduire jusqu'à Trèves, où était le quartier général.

Ce fut le 4 avril, vers les 10 heures du
matin, que nous entrâmes dans cette ville.
Arrivés auprès du général Blankenstein, il
nous interrogea d'abord tous ensemble et
ensuite chacun en particulier. Je répondis à
toutes ses questions d'une manière qui parut
le satisfaire ; mais, au moment où je me
croyais entièrement quitte et comme il allait
ordonner de me délivrer un passeport, un
malentendu de sa part, sur une simple question que je lui fis, me jeta dans la malheu-

reuse affaire qu'on va voir tout à l'heure, et
dont j'ai failli être victime malgré mon innocence. Je dois l'avouer ici, rien n'était plus
juste et plus prudent que la conduite de M. de
Blankenstein à cette époque, car tout était
en mouvement pour l'ouverture de la campagne, et les précautions prises à l'égard des
Français qui arrivaient en Allemagne étaient
d'autant plus sages, quoique très rigoureuses,
que, malheureusement — l'expérience l'avait
prouvé plusieurs fois, — il en était parmi eux
dont la conduite et surtout la conscience
n'étaient pas irréprochables.

On se rappelle aisément ce que j'ai dit
plus haut de la connaissance que j'avais faite
de M. le conseiller et du pauvre état où était
ma bourse au moment où je quittai mon
dernier guide, qui m'avait tout emporté.
M. le conseiller était mon unique espérance,
et je comptais d'autant plus sûrement sur
ses services qu'il n'ignorait pas que, dix jours
avant sa fuite, je lui en avais rendu moi-

même un très grand ; mais quelle fut mon erreur et mon désespoir de ne rencontrer en lui qu'un monstre d'ingratitude et d'insensibilité, un faux ami, contre qui je ne puis vaincre, même à présent, mon indignation, tant il m'a été cruel de m'être vu tromper par lui dans la situation où je me trouvais !

En chemin pour Trèves, j'avais appris l'histoire arrivée à un M. Lasalle, de Sarrelouis, que je savais être de la famille du conseiller et que je connaissais même pour avoir dîné un jour chez lui, en lui portant une lettre dont je m'étais chargé de la part d'un parent qu'il avait à Metz. Ce M. Lasalle venait d'échapper des mains des gendarmes, venus pour l'arrêter dans sa maison, et avait été également conduit chez le général Blankenstein ; mais la manière dont il s'est échappé est trop plaisante pour ne pas en faire le récit avant d'aller plus loin.

Ce Lasalle était un petit homme boiteux, mais fin et rusé comme un renard. Lorsque

les gendarmes arrivèrent chez lui, il leur fit
beaucoup de politesses, les engagea à mettre
pied à terre et ne voulut point partir avant
d'avoir eu l'honneur de déjeuner avec eux
et de leur faire goûter son vin. Comment
des gendarmes auraient-ils pu se refuser à
tant de politesses, chose à laquelle ils n'étaient
point accoutumés? Voilà donc Lasalle ordonnant à son cuisinier de préparer un bon déjeuner et à son sommelier d'apporter du
meilleur vin de sa cave; mais il n'oublia pas
de donner aussi l'ordre à son cocher de lui
seller le meilleur cheval de son écurie et de
le lui amener tout en secret. Vers la fin du
déjeuner, il prétexta vraisemblablement
quelque petit besoin pour s'éloigner de ses
convives, sortit, coupa lestement les sangles
de leurs chevaux, sauta sur son coursier et
disparut comme un trait. Les gendarmes
courent à leurs chevaux pour se mettre à
ses trousses; mais, lorsqu'ils veulent monter,
les selles tournent, et les voilà tous étendus

par terre. Si Lasalle a pris le temps de se
retourner, il a dû bien rire de les voir sous
le ventre de leurs chevaux, étendus comme
des grenouilles. Ce trait vient à l'appui de ce
que m'a dit le général Blankenstein, que
c'était un grand coquin.

Quoi qu'il en soit, ayant appris qu'il était
à Trèves depuis deux ou trois jours et qu'il
avait également été conduit chez ce général,
l'idée me vint aussitôt que, si je parvenais à
le voir, il pourrait me dire où était son parent, M. le conseiller, et rien ne me paraissait moins indiscret que de prier M. de Blankenstein d'avoir la bonté de me dire où était
ce Lasalle. Je lui fis cette question ; mais, au
nom de Lasalle, je le vis comme frappé
d'étonnement. Il me demanda avec vivacité:
« Connaissez-vous ce mauvais sujet-là ? Il
est en prison, et, si vous avez quelque chose
à lui dire, dites-le moi, je le lui ferai savoir. »
Aussitôt, je sentis ma faute ; mais il n'était
plus temps d'avoir des regrets, il fallait me

justifier. Je lui dis que je ne le connaissais
qu'imparfaitement, que c'était simplement
pour lui demander l'adresse d'un ami que
j'avais et qui était de sa famille, mais que,
puisqu'il était en prison, je n'avais plus rien
à lui demander. Je ne sais si je fus bien
compris de la part de M. de Blankenstein,
mais il est certain que j'en avais trop
dit : je m'étais réclamé d'un homme suspecté
d'espionnage et dénoncé par plusieurs émigrés comme ayant conseillé le pillage des
maisons religieuses ; en outre un voiturier,
qui l'avait reconduit en France lors d'une
première émigration, l'accusait de lui avoir
dit : « Vous pouvez allez dire à Trèves que
vous avez reconduit le plus grand patriote. »
Si Lasalle tint ce langage, il ne s'attendait
sûrement pas à être obligé de revenir à
Trèves; mais j'ignore absolument sa conduite,
et j'en viens au traitement qu'il m'a fait essuyer de la part de M. de Blankenstein.

Ce général ne me dit plus rien ; j'étais

regardé par lui comme ayant sûrement quelques relations secrètes avec Lasalle et comme
complice des griefs dont il était accusé. Il
ordonna de me conduire au corps de garde
jusqu'à nouvel ordre, et il fallut obéir sans
murmurer. Il était alors environ midi; j'avais
faim et je possédais très peu d'argent, car il
ne me restait plus qu'environ quarante sous
de mes neuf francs, et j'attendais toujours ma
délivrance pour pouvoir aller dîner : quatre
heures sonnent, la nuit arrive et personne ne
vient me relâcher. Cependant je vois entrer
le caporal, qui avait été chargé de m'emmener au corps de garde, et je me réjouissais
déjà, en pensant qu'il m'apportait de bonnes
nouvelles ; mais point du tout ; il me dit en
mauvais français et en me montrant ironi-
quement les planches du lit de camp :
« Monsieur, de la part du général, *couchir
ici.* » Je fus désespéré en entendant cet ordre ;
je ne concevais point comment on pouvait
m'arrêter ainsi. Cependant il fallait bien

prendre patience, et la persuasion dans laquelle j'étais que j'obtiendrais sûrement ma
liberté le lendemain fit que je pris mon parti.
Je n'avais encore ni bu ni mangé de la journée, et ventre à jeun peut s'attendre à passer
une mauvaise nuit. Je priai un soldat d'aller
me chercher deux petits pains, que je fis
bientôt disparaître ; je bus un verre d'eau
fraîche à la cruche, et, comme le lit était
toujours prêt pour recevoir son monde, je
pris place à côté d'un soldat autrichien et je
m'endormis.

Je me réveillai souvent dans la nuit, et ce
qui m'incommodait le plus était la fumée des
pipes. Je n'y étais pas accoutumé, et elle
était si grande que mon cœur était prêt à se
soulever. Il fallait pourtant avaler le tout
sans me plaindre, car mes hôtes n'étaient
ni polis ni endurants. Plusieurs fois j'avais
voulu donner un peu d'air à la chambre en
ouvrant la porte ou la fenêtre, mais aussitôt
ils me repoussaient brutalement et la refer-

maient. Ensuite ils entonnaient des chansons qui les faisaient beaucoup rire, parce qu'on y parlait de Carmagnole. Je voyais bien que tout cela était fait pour me mystifier; mais la nuit était déjà fort avancée et j'espérais être bientôt hors d'un séjour aussi incommode. Je comptais les heures et les minutes, mais je comptais sans mon hôte et il fallut rester.

Midi vient et la garde remonte. Pas un soldat ne voulut être privé du plaisir de me mesurer depuis les pieds jusqu'à la tête; jamais animal n'excita plus de curiosité. Ennuyé de jouer un si vilain rôle, je demandai à parler au général, mais personne ne voulut me mener auprès de lui. Je m'agitai, je voulus sortir, mais le caporal aussitôt fit mettre un soldat à ma porte, le sabre à la main. La journée s'écoula encore, et il fallut me résoudre de nouveau à coucher sur la planche et à avaler la fumée. La nuit terrible que je passai, jointe au peu de nourriture que j'avais pris la veille, fit que le lendemain je me trouvai très malade. Je ne demandais plus à sortir, mais simplement à écrire au général. On me fit réponse, avec beaucoup de dureté, qu'on n'écrivait pas au corps de garde et que je devais me taire. Non, il m'est impossible de décrire l'horrible position dans laquelle je me trouvai ; et en effet n'était-il pas cruel, au moment où j'arrivais, enivré de joie d'être en liberté parmi les défenseurs de la cause pour laquelle j'avais déjà tant souffert et couru tant de dangers, de me voir encore arrêté, impliqué, quoique innocent, dans une affaire que les circonstances rendaient des plus graves et dont il était impossible de prévoir l'issue ? Je n'avais pas, me dira-t-on, d'injustice à craindre ; cela peut être, mais n'avais-je pas lieu de croire que ma destinée était semblable à ces destinées cruelles auxquelles il semble qu'on ne peut échapper sous quelque gouvernement que ce soit ?

A la fin, ne pouvant plus résister à la
maladie, à la faim et encore plus au désespoir de ne pouvoir parler ni écrire au général, je pris la résolution d'appeler un officier
que je vis passer dans la rue. Il vint à moi ;
je lui dépeignis ma triste situation avec tant
de chaleur qu'il y parut prendre le plus vif
intérêt. Je lui dis les refus cruels que l'on
m'avait faits, et je le suppliai de s'intéresser
à moi. Il me dit de faire pour le général de
Blankenstein une lettre dont il serait lui-
même le porteur. Je la fis donc aussitôt sous
ses yeux, et elle était à peu près conçue en
ces termes :

« Mon Général,

« Depuis près de cinq jours que je suis
détenu par vos ordres dans la captivité la
plus dure, je souffrirais avec moins d'impatience si je méritais le traitement que j'endure ;
permettez-moi de vous dire, mon Général,
que, si je suis innocent, on ne peut, sans

blesser tout à la fois l'humanité et la justice,
me laisser plus longtemps dans l'état malheureux où je suis. Je demande au moins à
être entendu. C'est là, mon Général, toute
la faveur que je viens solliciter auprès de
vous, et si, après avoir subi tel examen
et telle confrontation que vous jugerez con-
venables, tous les doutes qu'un malentendu
a fait naître sur mon compte ne sont pas
entièrement dissipés, c'est alors que je me
soumettrai à toute la sévérité des lois et de
la justice; mais, j'ose vous le répéter, il est
dur pour moi de me voir victime d'un malentendu, surtout chez une nation généreuse
et vengeresse de la cause pour laquelle j'ai
déjà tant souffert.

« Ordonnez donc, mon Général, que je
sois interrogé; vous rendrez la vie à un
malheureux prêt à succomber sous le poids
des souffrances et du désespoir, et qui se dit
avec le plus profond respect,

« Mon Général,

« Votre, etc. »

Une heure après je vis revenir mon généreux officier. Il me dit qu'il avait lu en entier ma lettre au général de Blankenstein et que ce général lui avait répondu que tous les Français savaient bien se tirer d'affaire, qu'il aurait cependant égard à ma position, mais qu'il fallait que je prisse encore patience.

Cette nouvelle calma un peu mes esprits et j'attendis le lendemain avec plus de résignation. La journée se passa encore au milieu de la fumée, et j'étais excédé de besoin et de fatigue; enfin, le septième jour seulement, on vint me chercher pour être conduit chez l'auditeur. Arrivé près de cet officier, je fus interrogé sur tous les points. Cependant je m'aperçus, dans le cours de mon interrogatoire, que l'on s'attachait peu à me convaincre d'aucun tort; mais que c'était M. Lasalle qu'il importait le plus de trouver coupable. Je répondis, avec vérité, que je ne le connaissais que pour l'avoir vu une seule fois dans la circonstance dont j'ai parlé plus haut, que j'ignorais entièrement sa conduite en France, que jamais je n'avais eu aucune liaison avec lui, et que, si je m'en étais réclamé, c'était uniquement pour lui demander l'adresse de mon ami qui était son parent.

M. l'auditeur, ayant épuisé toutes ses questions, rédigea son procès-verbal, que je signai, et alla aussitôt faire son rapport à M. de Blankenstein, qui, une heure après, me fit encore mander. Rendu auprès de lui, je remarquai dans ses discours qu'il faisait semblant de n'être pas encore entièrement désabusé de l'idée que j'étais en liaison avec M. Lasalle ; mais, en protestant de nouveau de mon innocence, je ne pus m'empêcher de lui faire sentir l'injustice et même l'indignité de me priver plus longtemps de ma liberté. J'ajoutai que j'étais fort éloigné de craindre un pareil traitement d'un homme tel que lui.

Immédiatement après cette seconde jus-

tification, mon passeport me fut expédié avec
ordre de m'escorter, jusqu'à Coblence, de
village en village. Loin de prévoir dans cet
ordre rigoureux les bontés cachées de M. de
Blankenstein, je lui témoignai combien j'é-
tais affligé d'être ainsi conduit ; mais il me
répondit que c'était pour ma sûreté, ajouta
quelques paroles en allemand à l'ordon-
nance qui était là pour m'accompagner, et
nous partîmes.

J'avais été trop bien payé pour avoir demandé l'adresse de M. Lasalle, pour qu'il
me prît envie de faire d'autres questions. Je
fis donc bien vite ma révérence au général,
très enchanté d'en être quitte encore à si
bon marché : car il ne s'agissait rien moins
que d'être conduit en Bohême, jusqu'à la fin
de la guerre.

Il semble qu'après cet événement j'aurais
dû au moins renoncer dans la ville de Trèves
à chercher M. le conseiller. Si je l'avais fait
je me serais épargné par là un nouveau dé-

sagrément bien cuisant qu'à la vérité je ne
pouvais prévoir : mais, bien loin de cela, le
désir de le trouver s'était encore augmenté
en moi à proportion de mes besoins, et,
après sept jours de souffrances au pain et à
l'eau, il me fallut encore essuyer, avant de
sortir de la ville, l'humiliation la plus dure,
entendre les discours les plus absurdes et
n'avoir pas de quoi dîner ; je demande s'il
est possible de se trouver dans une plus terrible position.

Lorsque je me vis seul dans les rues de
Trèves avec mon conducteur, je lui dis que
je n'avais point d'argent et que, si je pouvais trouver mon ami, je serais bientôt
hors d'embarras. Là-dessus, j'ajoutai le mot
de récompense. Il entra dans mes vues et
nous nous livrâmes aux recherches sur-le-
champ.

A peine une heure s'était-elle écoulée que
nous avions déjà découvert la demeure en
question. Enchanté de cette réussite, je ne

pense plus qu'à voler chez mon ami. J'arrive, je le trouve, son épouse, sa belle-mère et lui occupés à ouvrir des paquets d'effets précieux que je lui avais sauvés environ quinze jours ou trois semaines auparavant ; nous nous embrassons, mais, grand Dieu! quel fut mon étonnement lorsque, après lui avoir raconté l'avidité de mon dernier guide, qui m'avait obligé de me dépouiller pour me sauver la vie, après l'avoir prié de me prêter un louis d'or, je vis ce perfide ami, ce monstre d'égoïsme s'éloigner de moi, me reprocher d'avoir été chercher un asile dans sa maison où, quelques mois auparavant, il m'avait forcé d'entrer, et me dire que c'était moi qui étais cause que ses meubles avaient été saisis, parce qu'on était allé plusieurs fois chez lui, pour m'arrêter! Outre tant de bassesse, d'ingratitude et d'absurdités révoltantes, il fallut m'armer de toute la prudence humaine pour ne pas lui cracher au visage dans sa maison. Je m'éloignai donc d'un aussi vilain homme sans daigner lui répondre, mais désespéré et brûlant de me venger. Ah! si j'avais pu le rencontrer dans quelque lieu propice, nous ne nous serions pas quittés si paisiblement! Mais aujourd'hui vraisemblablement il est mort; puisse son âme de boue être rentrée dans la fange d'où elle avait été tirée!

CHAPITRE III

Lorsque je fus revenu auprès de mon guide, il vit, à ma figure que cette scène avait altérée, que je n'étais pas content, et il fallut lui raconter en peu de mots l'odieuse réception qui m'avait été faite. Le pauvre homme en fut si touché qu'il m'offrit de partager avec moi le peu qu'il avait dans sa bourse. Quel contraste entre l'âme de ce conseiller et celle de ce brave soldat! Sensible à sa générosité, je le remerciai en versant une larme et en refusant d'accepter ses offres; mais mon refus parut lui faire un tel déplaisir que j'eus regret d'avoir mortifié un si parfait honnête homme.

Arrivés au premier village où il devait me remettre en d'autres mains, nous descendîmes chez le bourgmestre. Il lui dit quelques mots, et je ne fus pas plus tôt assis que je vis cet homme me demander si je voulais boire et manger ; je le remerciai en lui disant que je n'avais besoin de rien. Le mensonge était grand, car j'avais une faim dévorante ; mais comment se résoudre à se mettre à table, quand on n'a pas le sou dans sa poche ? Cependant, pressé par ses instances réitérées, par celles de mon guide et encore plus par le besoin, j'accepte ses offres, au risque de détacher quelque effet de mon porte-manteau, qui, Dieu le sait, ne renfermait cependant rien de superflu ; aussitôt on m'apporta un copieux morceau de jambon, du pain blanc, chose rare dans ce pays-là, avec une excellente bouteille de cidre. Il y avait longtemps que je n'avais eu

un si bon repas. Je me mis à table et je ne
fis plus de façons, car en moins d'un quart
d'heure tout avait disparu, sans m'avoir
aucunement embarrassé l'estomac. Mon nouveau guide était déjà arrivé et il fallait partir. Alors je me trouvai dans un cruel embarras, n'ayant rien à offrir et n'osant faire
l'aveu de ma pauvreté. Cependant, rassuré
par l'air de bonté de mon bourgmestre, je
me lève pour lui faire mes adieux, ainsi
qu'à mon premier conducteur et je les embrasse tous les deux : c'était bien la moindre
chose que je pouvais faire. Personne ne me
demanda rien, et je partis le cœur serré, en
bénissant un hôte aussi généreux.

Ce diner m'avait rendu des forces, et nous
marchions grand train. Comme je réfléchis-
sais à tout ce qui venait de m'arriver, j'a-
perçus un voyageur qui dirigeait ses pas du
côté où nous allions. Nous l'atteignîmes
bientôt ; je lui ôtai mon chapeau et il me
rendit mon salut ; ensuite, s'abouchant avec

mon guide, je m'aperçus qu'ils parlaient de
moi; mais quelle fut ma surprise lorsqu'un
instant après je vis cet homme se retourner
vers moi et, m'adressant la parole en très
bon français, me prier de lui raconter les
événements qui m'étaient arrivés à Trèves !
Sa demande fut accompagnée de tant de
marques d'intérêt que je ne crus pas pouvoir refuser entièrement de satisfaire sa
curiosité. Lorsque mon récit fut achevé, il
me demanda si j'avais de l'argent. Je lui
répondis, en homme qui avait honte de faire
connaître sa misère, que je n'en avais pas
beaucoup. Là-dessus il me répliqua que je
ne devais pas le montrer (chose qui n'était
pas difficile à faire) parce que mon conducteur venait de lui dire que le général de
Blankenstein avait donné ordre à tous les
bourgmestres des villages qui se trouvaient
sur mon passage de me donner à boire et à
manger sans rien exiger de moi. J'écoutais
cet homme avec attention; mais tout ce

qu'il me disait me paraissait si extraordinaire
que je le priai de me répéter encore ce qu'il
venait de me dire, parce que je croyais qu'il
y avait sûrement quelque malentendu de sa
part, ou qu'il voulait se moquer de moi;
mais non, il me dit que cela était vrai et
que je ne manquerais de rien sur ma route.
Alors, rapprochant de son discours les instances de mon bourgmestre et la manière
dont je m'étais acquitté sans réclamation,
je ne pus douter davantage; mais pourquoi
mon premier guide ne m'avait-il pas instruit de cette circonstance? Quel contraste
d'événements, d'un côté l'homme qui m'a
tenu pendant sept jours dans la captivité la
plus dure me tend une main secourable, et
de l'autre un ami, sur qui toutes mes espérances étaient fondées, me refuse inhumai-
nement le plus léger service !

Étant donc certain que mon existence
était assurée jusqu'à Coblence, je n'avais
plus d'inquiétude à ce sujet; je pouvais me

mettre à table partout où je me trouvais et
boire et manger sans craindre le quart d'heure
de Rabelais. Nous n'avions cessé de marcher
pendant la conversation dont je viens de
rendre compte et nous approchions de notre
gîte. Arrivé au village, je fus également
conduit chez le bourgmestre, qui délivra à
mon guide une quittance de ma personne;
le guide s'en alla et moi je restai en attendant le lendemain pour me remettre en route.
L'heure du souper étant venue, mon hôte,
qui n'avait pas les manières aussi engagean-
tes que le premier, ne me disait rien; mais
je pris place sans beaucoup de cérémonie et
fis honneur à son repas. Au moment de me
coucher, une scène m'attendait dont le début
aurait pu effrayer quiconque n'aurait pas été
accoutumé comme moi à tant d'aventures.
Tout à coup je vois entrer dans ma chambre
cinq paysans des plus robustes, armés de
sabres et de carabines. Nul doute que tout
cet appareil fût pour moi. Aussitôt je re-

merciai mon bourgmestre de m'avoir donné
une aussi bonne compagnie pour empêcher
qu'on ne me volât mon argent; j'invitai ma
garde, qui ne ressemblait nullement à une
garde d'honneur, à prendre place à côté de
moi, et cet air de gaieté parut leur inspirer
à tous beaucoup de confiance en leur prison-
nier. Les armes furent déposées ; ensuite je
leur souhaitai une bonne nuit et le sommeil
ne tarda pas à venir rétablir mes forces
épuisées ; mais quelle fut de nouveau ma
surprise à mon réveil, de voir toute ma garde
disparue et de me trouver seul étendu sur
la paille au milieu d'un grand galetas ! Que
de réflexions sur tant de vicissitudes dont
j'étais en même temps le jouet et la victime!

Aussitôt levé, j'entrai dans la chambre de
mon bourgmestre pour lui demander l'heure
de mon départ et pourquoi tous mes gardes
étaient disparus. Quelqu'un, qui se trouvait
là, me répondit qu'un monsieur étant entré
la nuit dans ma chambre, tandis que je dor-

mais, avait été surpris de voir un homme au milieu de gens armés ; il avait demandé ce que c'était ; on lui avait montré mon passeport, et alors il avait singulièrement grondé le bourgmestre de sa conduite et l'avait traité d'imbécile ; sur quoi tous mes gardiens s'étaient retirés ; il était probable que je n'aurais plus personne pour me conduire.

Dans toute autre circonstance, je veux dire, si j'avais eu de l'argent, j'aurais entendu cette dernière partie de son discours avec plaisir, car je souffrais de me voir ainsi escorté ; mais que ce désagrément était léger, en comparaison de l'avantage que j'allais perdre, d'être bien nourri pour rien ! Cependant, comme j'avais toujours redouté mon arrivée à Coblence avec la mine d'un homme qu'on n'accompagne jamais avec un fusil pour ses bonnes actions, cette réflexion, jointe à celle que la bonne fortune, qui m'avait toujours assez bien servi, ne m'abandonnerait peut-être pas encore, me fit accepter ma liberté, et je m'acheminai seul vers Wittich, petite ville de l'électorat de Trèves.

Arrivé là, j'y trouvai plusieurs émigrés et entre autres un M. Doneux, à qui je donnai des nouvelles de sa respectable épouse, chez laquelle j'avais demeuré plusieurs mois à Sarrelouis. Il en fut si enchanté qu'il me témoigna la plus vive amitié. Lorsque je fus disposé à partir, il eut la bonté de me faire avoir une place à côté d'un baron de ses amis, qui partait également pour Coblence. Je monte en voiture et, de mendiant que j'étais la veille, me voilà homme d'importance, courant la poste dans une excellente berline.

Le 12 avril nous arrivâmes à cette fameuse ville, qui servit de ralliement à toute la noblesse française et dont le nom était passé en proverbe parmi les séditieux. Jamais la vue d'aucune ville ne me fit tant d'impression. Les tours, les hôtels qu'elle renferme, les rochers qui l'environnent, tout s'offrait à mon imagination comme autant de monuments sacrés, à l'aspect desquels je devais être pénétré de respect; n'étaient-ce pas eux qui servaient d'asile à tous ces généreux défenseurs de la royauté, dont la présence me rendait ces lieux encore plus imposants ?

La situation de Coblence est de la plus grande beauté, et son séjour m'aurait fait le plus grand plaisir; mais il fallait en sortir. Cependant j'y restai deux jours, pendant lesquels je fis la découverte d'un de mes compatriotes, appelé Chedel, de Sainte-Menehould, qui me rendit tous les services qui étaient en son pouvoir, et, après avoir obtenu un nouveau passeport du gouvernement, je partis pour me rendre à Neuwied, principauté située au delà du Rhin.

Comme on a vu qu'en sortant de Trèves je n'avais pas le sou et que j'avais été nourri sur ma route, on pourrait me demander comment j'ai fait, en arrivant à Coblence,

pour y trouver un logement et avoir à manger, puisqu'on ne peut se passer ni de l'un ni
de l'autre. Alors je vais dire le moyen que
j'ai employé, avec toutes les circonstances
qui l'accompagnent. Une fausse délicatesse
m'a fait hésiter longtemps si je ne devrais
pas plutôt retrancher cette anecdote de ma
vie; mais ma femme m'a engagé à la raconter: donc elle n'a rien de honteux pour ma
mémoire.

En entrant dans Coblence, je me trouvais
fort embarrassé; il me semblait que tout le
monde lisait sur ma figure que je n'avais pas
le sou. Je parcourus plusieurs rues en exa-
minant les passants, pour voir si je ne ren-
contrerais pas quelqu'un de ma connaissance,
mais rien. La nuit approchait, j'avais faim;
il m'était impossible de prier ni de tendre
la main; plutôt que de me dégrader, j'eusse
aimé mieux mourir d'inanition, comme a
fait un émigré en Suisse, à qui on a trouvé
des morceaux de cuir dans l'estomac. Ne

me sentant pas un courage aussi barbare, et cependant la nécessité me pressant, voici ce que je fis en remarquant une petite maison de fort bonne mine, dont les ustensiles de cuisine étaient si propres et si luisants que cela me donna une excellente opinion des gens qui l'habitaient. J'entre et je demande poliment s'ils n'avaient pas une petite chambre à louer avec un lit. On me dit que oui ; mais les bonnes gens ne voulaient pas me le montrer, dans la crainte qu'elle ne fût pas assez belle pour moi. Je leur dis que, telle qu'elle était, elle me suffirait. On me la fit voir, je la trouvai charmante ; je fis plus, je demandai à ces bonnes gens, puisque je n'avais que quelques jours à rester, s'ils ne voudraient pas avoir aussi la complaisance de me donner à manger chez eux, que je me contenterais de leur ordinaire et que je n'exigeais rien de plus. Ils y consentirent moyennant une faible pension, et me voilà hors d'inquiétude pour le moment. « Bon Dieu !

me dis-je en moi-même, à quoi l'homme se voit-il réduit ! » Je restai deux jours et deux nuits dans cette maison, et, le matin du troisième jour je fis une belle lettre à ces braves gens dans laquelle je leur dis que je partais sans pouvoir les payer; je leur demandais pardon de les avoir trompés, mais c'étaient la faim et le désespoir qui m'y avaient forcé. Je leur promis que, si je revenais dans leur ville, je les récompenserais, et je les priai de ne pas faire courir après moi. Voilà la seule chose, dans mon émigration, qui m'a pesé sur la conscience, et que je n'ai pu me pardonner entièrement. Je demande à mes lecteurs s'ils croient que je puis le faire.

Neuwied est une petite ville assez jolie, mais le réceptacle, m'a-t-on dit, de quantité de banqueroutiers. Malgré la banqueroute que je venais de faire à Coblence, ne voulant pas être confondu avec des gens mal famés, que la crainte de la justice avait fait fuir de leur patrie, je repassai le Rhin le

20 avril et me rendis à Andernach, l'une des plus anciennes villes romaines, située au pied des montagnes, sur le bord de ce fleuve.

Le lendemain, je m'embarquai pour me rendre à Cologne, où j'arrivai le même jour. Jamais, pendant ce court trajet la nature n'avait offert de spectacle si beau, ni si enchanteur à mes yeux que les bords du Rhin. On découvre à la fois des habitations magnifiques, la ville de Bonn, où l'Électeur de Cologne fait sa résidence, petite ville de toute beauté, des plaines riantes et fertiles, de grands rochers qui semblent s'élever dans les nues et sur le sommet desquels on voit des ruines et des débris d'anciens châteaux que les guerres ont détruits. Tout, en un mot, vous pénètre et vous enchante. Jamais la vue ne se lasse de contempler ces beaux sites, que la nature semble avoir formés pour embellir ce pays.

Je ne restai que deux jours à Cologne, et c'est là où je lus, dans une feuille funeste, que Jean-Évangéliste Rose, mon protecteur, celui qui m'avait marié, le parrain de ma Victoire, l'homme le plus célèbre de toute la province de Champagne par son esprit…, — mais je m'arrête, étant incapable de faire dignement son éloge…, — avait été guillotiné à Paris. Peut-être que cette nouvelle enlaidit la ville à mes yeux; mais je la trouvai très vilaine et je me hâtai d'en partir le surlendemain de mon arrivée, pour me rendre à Aix-la-Chapelle, où j'avais appris que beaucoup de mes compatriotes faisaient leur résidence. J'y arrivai le 23 avril 1794, à dix heures du matin. La première personne à qui je m'adressai fut un ecclésiastique de Châlons, nommé M. Brisson, que je ne connaissais qu'imparfaitement, mais avec qui la confiance fut bientôt établie, car les malheureux sont frères. Il me fit entrer chez une dame de ses amies pour lui donner des nouvelles de Châlons et lui raconter une partie de mes aventures. Comme je prononçais le nom de l'abbé Daniel, il m'arrêta et me dit qu'il demeurait dans un abbaye voisine.

Cette nouvelle me transporta de joie. J'aurais déjà voulu être auprès de mon ami, et j'engageai M. Brisson à m'y conduire sur-le-champ. Il y consentit; mais, pour inspirer plus d'intérêt à sa personne et à mon récit, je dois raconter auparavant sa triste histoire et montrer quels ont été mes rapports avec lui.

Lorsque l'armée du roi de Prusse et les émigrés se retirèrent de la Champagne l'abbé Daniel, aumônier des gardes du corps du Roi, qui était malade à la mort, fut abandonné, ou plutôt oublié dans un village, et les patriotes, l'ayant trouvé, l'arrachèrent de son lit, le lièrent, non pas avec des cordes, mais des harts sur une charrette à fumier, l'outragèrent de toutes les manières, — c'est lui qui me l'a raconté, — jusqu'à lui porter sous le nez leurs excréments au bout d'un bâton, et l'amenèrent dans les prisons de Châlons. Il est impossible d'entendre de telles horreurs sans frémir. Enfin, comme tout ce qui concernait les prêtres et les émigrés était attaché à mon bureau, je fus instruit, l'un des premiers, de son incarcération et j'eus la curiosité de l'aller voir dans sa prison. Son air vénérable, son amabilité et le récit de ses souffrances me touchèrent si vivement que j'excitai la compassion et l'humanité de tous mes amis en sa faveur, et que, dès le lendemain, il eut tous les secours que son état pouvait exiger. Mme Saignes, ma femme et encore d'autres dames allaient le voir en prison, lui portaient du vin, de la nourriture, du linge et des consolations. Il eut un médecin et un apothicaire, dont il me parlait dans ses lettres avec une reconnaissance enthousiaste ; mais tout cela n'empêchait pas que le département poursuivît son procès comme émigré.

Il fut interrogé plusieurs fois, et, comme le

procès-verbal devait être envoyé au Ministre
et que c'était encore à moi à faire la lettre
d'envoi, j'en fis une et je profitai de l'article
d'un décret qui portait que le département
pouvait faire les observations qui lui paraî-
traient justes en faveur des émigrés ; mais
je parlai de l'abbé Daniel avec un peu plus
d'intérêt qu'il n'aurait fallu ; car, aussitôt
que le Ministre reçut cette lettre que j'avais
fait signer aux membres du Directoire avec
d'autres papiers, sans qu'ils l'eussent lue, il
fit au département une vive réprimande, qui
retomba sur moi, de la part du Directoire ;
puis le ministre ordonna de nommer sur-le-
champ une commission militaire, pour juger
l'abbé comme ayant été pris les armes à la
main, parce que c'était un aumônier.

A cette terrible nouvelle, tous les amis se
mirent en mouvement pour écarter au moins
de la commission ces hommes cruels, qui ne
demandaient qu'à répandre le sang ; et ils
réussirent à faire choisir pour juges des

hommes humains ; sans cela, c'en était fait
de l'abbé Daniel, et j'aurais encore perdu
mon meilleur ami et mon bienfaiteur. Il
fut condamné à être déporté sur les frontières ; c'était tout ce qu'il désirait. Lorsqu'il
apprit son jugement, il leva les mains au
ciel et remercia Dieu et tous ses amis ; mais
une inquiétude lui restait encore, lorsqu'il
apprit qu'il devait être conduit de brigade
en brigade jusqu'à la frontière. Alors il nous
dit qu'il serait égorgé dans les villes qui
étaient sur la route et qu'il nous demandait
en grâce s'il était possible de lui faire donner
un gendarme qui l'accompagnât jusqu'à
l'endroit où il devait être transporté. Il fallut
donc faire encore de nouvelles démarches,
et nous obtînmes l'accomplissement de ses
désirs. On lui fit faire des habits dans ma
maison ; il arriva heureusement au lieu de
sa destination, et c'est ce brave homme que
le ciel me fit retrouver en Allemagne, ainsi
qu'on va le voir.

En allant chez lui avec M. Brisson, mon cœur tressaillait de joie de le revoir. Nous frappons à la porte, et il nous dit : « Entrez ! » Je reconnais sa voix. Je vais droit à lui sans prononcer une parole ; mais, grand Dieu ! quel fut son saisissement en me reconnaissant ! Il me tenait serré dans ses bras et semblait encore douter que ce fût moi. « Mon cher ami, » s'est-il écrié, « voilà le plus beau jour de ma vie ! Avec quelle joie ne vous revois-je pas ! Vous avez allégé mes souffrances et la rigueur de mon sort en Champagne ; aujourd'hui c'est à mon tour de soulager vos maux, et tant, que j'aurai un morceau de pain, nous le partagerons ensemble. »

Non, il m'est impossible de décrire tout ce que cette scène a eu d'attendrissant et de pénible pour tous les deux ; c'était un mélange inexprimable de joie et de tristesse qui nous fit répandre des larmes, et cette réunion fit une si grande impression sur mon ami qu'il m'avoua, plusieurs jours après, que sa santé en avait souffert et qu'il n'en était pas encore entièrement rétabli.

Avec quels transports, en effet, deux amis échappés aux mêmes dangers, à la mort, ne doivent-ils pas se revoir, après avoir été séparés depuis quatorze mois, sans aucune espérance de se retrouver jamais ! Je ne parlerai point de sa sensibilité au récit que je lui fis de mes malheurs ; elle se conçoit d'elle-même. Je me bornerai seulement à donner une légère idée des sacrifices en tous genres qu'il a faits pour moi ; mais je parlerai encore plus tard de cet ami.

La première chose qu'il fit fut de me mettre en pension dans une des plus honnêtes maisons de la ville d'Aix-la-Chapelle, dans un quartier agréable et où j'étais parfaitement bien logé et nourri, Ensuite, il voulut connaître l'état de ma garde-robe, dont l'inventaire ne fut pas long, et, dès le lendemain. tailleur . cordonnier , lingère travaillaient pour moi; au moindre soupçon de quelque nécessité, il s'empressait à me donner de quoi la satisfaire.

Je restai près de trois mois dans cette position sans avoir rien à désirer ; tous les jours je voyais mon ami; nos promenades étaient communes, et nos conversations les plus fréquentes roulaient toujours sur le sort de nos amis restés en France, dont la plupart gémissaient alors dans les prisons, où ils étaient exposés aux persécutions les plus atroces. Notre position, toute malheureuse qu'elle était, nous semblait mille fois préférable à la leur, et c'est au milieu de toutes ces réflexions que mon ami cherchait à me distraire des souvenirs cuisants de tout ce que j'avais perdu. Lui seul était donc toute ma consolation et mon appui; mais je sentais l'impossibilité de rester toujours à sa charge et dans une telle inaction. Un jour que je lui fis part de mes réflexions à ce sujet et du désir que j'avais de ména-

ger ses bontés, il me répondit que, s'il entrait dans mes vues, je devais être persuadé
que c'était plutôt dans l'intention de me
procurer une existence plus agréable que
par rapport à son intérêt; je n'avais sûrement pas besoin de cet aveu pour être convaincu de sa générosité; il s'employa donc
en ma faveur auprès de plusieurs personnes
de distinction pour me faire avoir un emploi en Hollande, et j'obtins en conséquence
différentes lettres de recommandation pour
ce pays: l'une, de M. le comte de Rechtern,
officier général au service de la Hollande,
pour M. Henry Hoppe, le plus fameux banquier d'Amsterdam; une autre du comte de
Montferrand pour Mme la comtesse de Gon-
taut-Saint-Genies, et toutes relatives à
M. Hoppe.

Mais avant de quitter mon ami et de sortir
de l'Allemagne, je dirai deux mots de la ville
d'Aix-la-Chapelle et de Borcette, sa voisine.

La ville d'Aix, sans être jolie, offre un

séjour infiniment agréable, surtout dans la belle saison, par le concours des étrangers que ses bains chauds attirent de toutes les parties de l'Europe. Il existe dans son enceinte et dans ses environs plusieurs maisons de jeu qui, par parenthèse, ont été fatales à plusieurs de mes compatriotes et qui, pour cela, n'en sont pas moins très agréables, parce qu'elles servent de rendez-vous à tous les riches voyageurs, qui jouent gros jeu et amusent les autres de leurs folies.

Borcette est l'endroit où mon ami faisait sa résidence, dans une superbe abbaye, où les religieux sont souverains du pays et où la justice se rendait en leur nom. Il était là heureux comme un dieu, et il répandait sur moi une partie de son bonheur. Cette petite ville possède aussi plusieurs sources d'eaux minérales. Il y a notamment un puits au milieu de la ville, dont l'eau est si chaude, au sortir de la source, qu'il serait impossible d'y plonger la main.

Quant aux environs de ces deux villes, le
site y est si généralement beau, et la végé-
tation, la verdure y sont si agréables qu'il
semble qu'on est dans un jardin anglais continuel. Enfin, tous ces lieux avaient tant de
charmes pour moi que cela me fit beaucoup
de peine de les quitter, et encore plus de
quitter mon ami ; mais il le fallait, et on
verra quel changement de fortune je vais
éprouver.

CHAPITRE IV

Puisqu'une nouvelle vie, de nouvelles aventures et une nouvelle carrière vont s'ouvrir pour moi en pays étranger, je ne puis employer moins de trois épithètes pour caractériser un si grand changement ; je dois revenir sur mes pas pour raconter les événements dont je fus témoin ou acteur dans cette trouble période de la Révolution, afin de ne plus revenir sur ce chapitre. Je commencerai donc par la mission qui m'avait été donnée près du général Dumouriez, dont je lisais tous les écrits avec tant de plaisir que je le croyais au moins un demi-dieu pour son esprit.

En 1792, l'armée du roi de Prusse, étant campée en avant de Châlons, avait intercepté toute communication avec l'armée de Dumouriez, dont le quartier général était à Sainte-Menehould, de manière qu'on n'avait point eu de ses nouvelles depuis quarante-huit heures et qu'on était très inquiet sur sa position, surtout à cause des vivres ; mais aucun de tous ces braves patriotes ne s'offrait pour partir en mission auprès de lui. Je m'en chargeai, puisque personne n'en voulait, parce que cela m'était égal de tomber ou non entre les mains des Prussiens ; or, tandis qu'on expédiait mes dépêches, arrive de Paris le vieux général Luckner pour commander, à ce qu'on lui avait dit, un camp de 16.000 hommes de l'autre côté de la Marne ; mais il n'y avait qu'un mauvais bataillon de sans-culottes, et j'ai vu ce vieux général pleurer de désespoir au milieu de l'assemblée. Il retourna à son hôtel du Soleil-d'Or, où il me fut ordonné d'aller prendre ses ordres avant de partir. Dans le moment où j'entrai chez lui, il venait de recevoir un paquet de lettres de tous côtés, et il était si confus, si troublé, qu'il me donna une lettre à lire du général Galbaud, qui lui annonçait qu'il venait d'abandonner son poste des Islettes, à cause de l'arrivée des Prussiens à Clermont. Je lui dis ce que c'était, et il m'ordonna d'y faire une réponse. Je ne me souviens réellement pas s'il me dit positivement ce que je devais répondre, mais je me rappelle parfaitement que j'écrivis l'ordre au général Galbaud de retourner à son poste, sans savoir si cela était possible ou non; mais au moins la lettre était facile à faire, et voilà comme les choses allaient dans le moment.

Enfin je partis avec ma lettre et les dépêches du Directoire pour Dumouriez. Arrivé à la première poste, je montrai mes ordres et demandai un guide et des chevaux ; mais on me répondit qu'on ne pouvait me satisfaire sur aucun de ces deux points parce que les Prussiens avaient tout enlevé. Dans ce moment arrivent des paysans des environs, les larmes aux yeux, qui nous dirent que les Prussiens les avaient battus, pillés et enlevé jusqu'à la toile de leurs lits en jetant les plumes sur le fumier. Je me trouvais donc fort embarrassé, ne voulant pas être battu par ces grossiers Prussiens, ni retourner à Châlons de crainte d'y passer pour un lâche. J'allai aux écuries et j'y trouvai encore trois ou quatre des plus mauvais chevaux ; j'ordonnai qu'on me sellât le meilleur, et je partis seul en m'écartant un peu du grand chemin ; mais, à une demi-lieue de là, je vis de loin deux cavaliers qui accouraient sur moi à bride abattue. J'eus beau éperonner mon cheval ; en moins de dix minutes ils tombèrent sur moi en jurant, le sabre à la main. Alors je me crus entre les mains des

Prussiens ; chose qui m'était indifférente,
car il y avait longtemps que je voulais aller
joindre les émigrés ; mais c'étaient deux
hussards de Chamboran qui étaient au service de France ; ils me conduisirent à leur
poste, où je trouvai un officier français, à
qui je montrai mes dépêches et qui me donna
une sauvegarde pour me conduire chez le
général Dumouriez.

Lorsque j'arrivai chez ce général, j'étais
couvert de boue ; mais il me reçut parfaitement bien. Je le trouvai dictant deux lettres
à la fois à ses secrétaires, il ne voulut pas
s'interrompre ; je l'écoutais, et cela me
paraissait inconcevable. Lorsqu'il eut fini,
il lut mes dépêches, me questionna beaucoup
sur ce qui se passait à Châlons. Je l'instrui-
sis de tout ce que je savais, et je lui parlai
de l'arrivée du général Luckner. Dans ce
moment entrent Mlles Fernig, deux jeunes
sœurs, qui lui servaient d'adjudants. — Il
me dit : « Monsieur Thoury, vous allez dé-

jeuner avec M^llcs Fernig et vous m'entendrez dicter votre réponse. » On apporta à déjeuner sur le manteau de la cheminée, et me voilà déjeunant au milieu des deux héroïnes. Elles n'étaient ni grandes, ni jolies, mais bien faites et paraissaient très robustes. Le général dicta ma réponse qui commençait ainsi : « M. Thoury, votre député, Messieurs, m'a entendu dicter les ordres nécessaires, soit que l'armée ennemie se dirige sur Reims ou sur Châlons ; mais à son arrivée vous ferez transporter tous les magasins qui se trouvent de ce côté-ci de la Marne et vous mettrez le feu à tout le reste pour empêcher l'ennemi de pouvoir pousser plus loin, etc. »

Le général Dumouriez était un petit homme, mince, mais d'une vivacité extraordinaire et d'un regard spirituel. Lorsque ma lettre fut finie, il m'ordonna de retourner à Châlons en toute hâte et je le vis partir à cheval avec Mlles Fernig pour faire une reconnaissance. Elles avaient des pistolets carabines derrière le dos, et elles avaient extrêmement bonne mine sous leur costume militaire.

Je partis et, environ six ans après, je revis le général Dumouriez à Mitau, en Courlande, et voici comment :

Dans ce temps-là, sous le règne de Paul Ier, la politique était un peu embrouillée, et peu de gens savent pourquoi Dumouriez fut appelé à Saint-Pétersbourg. Lorsque je l'appris, je lui écrivis pour me rappeler à son souvenir et lui demander sa protection, en cas que les choses changeassent. Il me répondit qu'il avait reçu ma lettre avec plaisir, mais qu'il me priait de ne plus lui écrire à Saint-Pétersbourg, parce qu'il y était surveillé et que, lorsqu'il repasserait à Mitau, il aurait certainement le plaisir de me voir. Effectivement, quelque temps après, M. le comte de Medern entra dans ma chambre et me dit qu'il venait de voir Dumouriez, qui s'était informé de moi. Je courus sur-le-champ; il vint à moi et m'embrassa en me disant ces mots : « Qui aurait dit que les choses iraient si loin? Je n'ai pas oublié les honnêtes gens; vous êtes inscrit sur mes tablettes, et, si je renage jamais, soyez sûr que je me souviendrai de vous. » Je le remerciai; mais il est coulé à fond, il est mort en Angleterre, et moi je suis encore sur le rivage de cette mer orageuse, en Courlande, en attendant tranquillement mon naufrage.

Retournons maintenant à Châlons pour voir ce qui s'y est passé à mon retour. On peut s'imaginer facilement quelle sensation a dû faire ma lettre, lorsque les habitants entendirent parler de brûler tout ce qu'on ne pouvait pas emporter des magasins au delà de la Marne. Elle fut imprimée et affichée dans toutes les rues et dans tous les carrefours; mais cependant on n'a rien brûlé, et l'ennemi, comme on le sait, s'est retiré, parce que l'armée prussienne, soi disant, avait attrapé la colique en Champagne; mais la vérité est que Dumouriez la combattait plus avec la plume qu'avec son épée, car il a fait passer des mémoires au roi de Prusse en 1792, en Champagne, et c'est un fait certain que, si le roi de Prusse, d'accord avec les émigrés, avait agi bon jeu bon argent, les patriotes auraient été battus et chassés jusqu'à Paris.

Quelques jours après mon voyage chez Dumouriez, je fus encore envoyé à Troyes par les Commissaires de l'Assemblée nationale pour faire marcher toutes les troupes ; je manquai d'être assassiné par la populace. Tout le monde sait que les plus grandes horreurs qui ont été commises dans les villes des provinces le furent toujours dans celles où il y avait beaucoup de fabriques, à cause de tous ces ouvriers, qui forment une classe de gens qui ne valent guère mieux que des brigands, ainsi que leurs femmes ; car celles de Troyes surtout ont commis des cruautés qui révoltent la nature. Elles ont crevé les yeux avec la pointe de leurs ciseaux au maire de la ville, l'ont assassiné et traîné dans les rues avec une corde au pied, lui cet être si humain et si charitable! Quelques jours avant sa mort, il avait fait son testament en faveur des pauvres et d'une partie de la canaille qui l'a égorgé.

Mon ami Gobelet, comme capitaine de la garde nationale, devait aussi venir à Châlons; mais il ne voulut pas laisser sa femme à Troyes; il m'engagea à la prendre dans ma voiture et à la garder chez moi. J'y consentis de tout mon cœur, et trois heures suffirent pour faire tous ses préparatifs de voyage. Elle s'habilla en homme et faisait le plus joli garçon du monde. J'étais fier de courir la poste avec un aussi beau compagnon. Nous montâmes en voiture, et, arrivés à la poste de la ville, on me demanda nos passeports. Je montrai sur-le-champ mes ordres de commissaire de l'Assemblée nationale, à la vue desquels on témoigna le plus profond respect ; mais on me demanda en même temps quel était ce citoyen que j'avais dans ma voiture. Il répondit, d'une petite voix douce qui trahit sur-le-champ son secret, qu'il était mon cousin. Alors la scène changea ; on nous répondit que nous étions des menteurs et des espions et qu'il fallait nous conduire à l'hôtel de ville. J'eus beau parler de l'importance de ma mission, qui ne souffrait aucun retard, et des plaintes que je ferais aux Commissaires. On nous donna quatre fusiliers, et il fallut rétrograder ; mais, lorsque la canaille nous vit ainsi escortés dans les rues, elle se rassembla en foule autour de ma voiture, nous injuria, nous jeta des pierres, et un coquin me porta par derrière un coup de sabre qui m'aurait fendu jusqu'au milieu du dos, si je ne m'étais pas baissé à temps sur le tablier de cuir qui couvrait nos genoux. Dans le moment je vis accourir mon ami en uniforme et le sabre à la main ; l'amour et l'amitié lui donnaient des forces; il frappa à droite et à gauche, et en moins de deux minutes il dissipa toute cette canaille qui nous aurait infailliblement assassinés. J'ai vu trois fois pareille scène dans la Révolution, un seul homme brave en faire fuir plus de deux cents. Mon ami fit descendre sa femme, la prit sous le bras et nous mena à l'hôtel de ville, où, après une courte explication, on me relâcha; mais je fus obligé de voyager seul, et Mme Gobelet arriva chez moi quelques jours après avec son mari. Nul doute que nous avions manqué de prudence; mais nous ne méritions pas pour cela d'être assassinés; et pourtant combien d'honnêtes gens l'ont été pour un tout aussi petit motif! Cela me rappelle l'assassinat d'un pauvre vieillard dans les rues de Châlons; voici le fait en peu de mots :

Un nommé M. de Chauler, ancien président de tribunal, qui avait un tremblement de vieillesse dans la tête et qui portait perruque, avait toujours le chapeau sous le bras; il n'y mettait point de cocarde. Des soldats marseillais le rencontrèrent un jour dans la rue et lui demandèrent pourquoi il n'avait point de cocarde. Il les regarda en remuant la tête, parce qu'il ne pouvait pas s'en empêcher. Ils crurent que c'était des signes négatifs; alors les coups de sabre partirent. Je le vis tomber et se relever trois fois, et, comme il ne mourait pas assez vite, les scélérats lui ont coupé la gorge avec un couteau de deux sous. Voilà cette nation si douce et si policée!

Maintenant je parlerai de Louis XVI lorsqu'il partit pour Montmédy. Cet infortuné monarque passa à Châlons vers les 10 heures du matin. Nos bureaux étaient alors à l'hôtel de ville, et nous mîmes tous la tête aux fenêtres pour voir passer les deux voitures. Elles n'avaient rien de remarquable; les stores étaient baissés, et la seule chose qui nous frappa fut le spectacle des deux grands valets de chambre qui étaient sur le siège,

en vestes jaunes, et qui étaient deux gardes
du corps, l'un appelé le chevalier de Moldau
et l'autre le comte du Moutier, dont j'ai fait
la connaissance à Saint-Pétersbourg quinze
ans après. Ce passage dans le moment ne
fit point la moindre sensation dans la ville ;
mais vers les deux heures de l'après-midi,
un paysan du côté d'Épernay arrive et pu-
blie que c'était le Roi qui était passé ; il y
eut de la rumeur, et la police fit mettre ce
paysan en prison ; mais deux heures après
arrive un courrier à franc étrier de la part
de La Fayette ; il annonce que le Roi s'est en-
fui de Paris. Alors ce ne fut que bruit et
tumulte partout ; toutes les administrations
se rassemblèrent et on courut aux armes.
La nuit fut très orageuse, mais le lendemain
matin on vit arriver un autre courrier
du côté de Sainte-Menehould qui annonça
que le Roi avait été arrêté à Varennes
et qu'on le ramenait. M. Rose, comme
chef de l'assemblée provinciale, partit

sur-le-champ pour aller au-devant de lui.

Quantité de gens firent de même, et on peut bien s'imaginer que moi, qui me fourrais partout, je ne laissai pas échapper une aussi belle occasion sans me montrer. J'arrivai à Sainte-Menehould dans le moment où le Roi entrait, au milieu des vociférations d'une populace énorme, armée de fusils, de haches de fouines et de faulx, avec des poêlons sur lesquels ils frappaient en guise de tambour. La voiture fut dételée à la porte de l'hôtel de ville, où l'on avait préparé un petit déjeuner au Roi et à sa famille ; mais on ne lui donna pas le temps de manger. On n'entendait que des cris affreux de tous les côtés : « Voilà Bouillé qui vient pour reprendre le Roi ! En voiture, en voiture ! » Le Roi remonta en disant : « Oui, mes enfants, oui, mes enfants. » Ils n'attendirent pas que les chevaux arrivassent. Ils s'attelèrent à la voiture et la traînèrent plus de la moitié de la ville. Je suivais cet affreux cortège, et ce fut sur la place que j'aperçus le comte de Dampierre à cheval, vêtu d'une redingote grise, qui se plaça vis-à-vis de la portière du Roi en laissant apercevoir sa croix de Saint-Louis attachée à la boutonnière de son habit. Je ne sais si le Roi l'a remarqué, mais le comte disparut et, à environ une lieue de la ville, je le revis sur la route à la suite du cortège; là une foule de paysans qui, à ce qu'on dit, étaient les siens et avec lesquels il avait eu des procès, l'insultèrent, l'empêchèrent de s'approcher de la voiture du Roi et le forcèrent de quitter la route. Il était monté sur un cheval en état de faire deux lieues en une heure, mais il n'allait qu'au pas et semblait s'éloigner à regret. A peine eut-il fait deux cents pas dans les terres qu'on entendit les coups de fusil partir sur lui de tous les côtés ; mais il ne tombait pas et n'en allait pas plus vite ; alors je vis un jeune homme nommé Gallois et plusieurs autres courir après lui le sabre à la main ; ce Gallois l'attaqua le premier et lui porta un coup de sabre sur la tête. Le comte retira un mouchoir blanc, qu'il tint sur sa blessure avec ses deux mains ; mais le scélérat lui porta un second coup qui lui coupa les deux mains sur la tête, et alors je le vis tomber près d'un fossé. Le Roi et la Reine virent tout cela de leur voiture ; mais que pouvaient-ils faire ? Après la chute du comte, ces misérables tirèrent plus de vingt coups de fusil sur son cadavre. Gallois lui arracha sa croix de Saint-Louis, qu'il eut ensuite l'audace de reporter au ministre, croyant obtenir une récompense ; mais ce dernier lui dit : «Monsieur, vous croyez avoir fait une belle action; et vous avez commis le crime d'un scélérat ; » et le fit chasser de son cabinet. Il ordonna en même temps de lui faire son procès à Sainte-Menehould.

Quantité de gens de Châlons, du nombre desquels j'étais, furent appelés à Sainte-Menehould pour déposer comme témoins.

Plusieurs dirent que le comte avait tiré des coups de pistolet sur le cortège ; mais cela était si faux que les deux pistolets trouvés sur lui étaient encore chargés et le juge, au sortir de l'audience, dit publiquement que de tous les témoins j'étais le seul qui eût déposé la vérité. Aussi, en nous retournant, voulurent-ils m'assassiner dans le cabaret ; je remarquai particulièrement un nommé Langelin, dont j'ai parlé plus haut ; mais j'étais brave alors, je leur offris ma poitrine et leur dis : « Si vous êtes des scélérats comme Gallois, tuez-moi aussi, me voilà ! » Et aucun n'osa me toucher. Hélas ! où est le temps de mon audacieuse jeunesse ?

Maintenant il me faut encore revenir sur mes pas, pour reprendre le récit de l'arrivée du Roi à Châlons. Beaucoup de gens qui n'y étaient pas ont écrit et fait quantité de versions à ce sujet ; mais moi j'y étais et je demeurais alors à l'Intendance, où le Roi fut amené. Il n'y avait que la chapelle qui

séparât la chambre à coucher du Roi de mon
logement. Je le vis en arrivant et en partant.
Sans doute que je n'ai pas tout vu, puisqu'un
homme ne peut pas être partout ; mais tout
ce que je vais raconter est de la plus parfaite et de la plus exacte vérité.

Lorsque le Roi monta dans son appartement, une foule de peuple s'était amassée
sur l'escalier, et les deux gardes du corps
faisaient faire place au Roi ; mais la Reine,
le petit Dauphin et Mme Élisabeth ne pouvaient pas avancer. Tout à coup je vis le Roi
se retourner au haut de l'escalier et demander d'un ton véhément et avec anxiété : « Où
est mon fils ? » Je fus frappé de son air de
majesté ; mais dans le moment il vit un officier qui lui apportait le Dauphin sur les
bras, et il se tranquillisa. Sûrement il y
avait au moins trois ou quatre jours qu'il
n'avait fait sa barbe, car elle était extrêmement grande. J'étais très fatigué de mon
voyage, et je me retirai chez moi ; mais le

lendemain, de grand matin, je vis entrer
dans ma chambre un perruquier de la ville
qui avait aussi remarqué la grande barbe du
Roi et qui s'était présenté pour le raser ;
mais le monarque refusa ses services en lui
disant qu'il se rasait lui-même et qu'il n'a-
vait besoin que d'un plat à barbe, d'un petit
miroir et d'une savonnette ; le perruquier
venait pour me prier de lui prêter ces trois
objets pour le roi de France. « Pauvre Roi !
m'écriai-je alors, c'est bien toi qui nous
apprends qu'il ne faut pas dire : Fontaine, je
ne boirai pas de ton eau ! » Je lui donnai un
miroir et mon plat à barbe, qui n'était pas
de porcelaine de Sèvres ; mais je n'avais
point de savonnette, et il alla emprunter
celle de notre garçon de bureau. Enfin une
demi-heure après, le perruquier me rapporta
mon miroir et mon plat à barbe, sans même
me remercier, et retira tout triomphant de
son gousset une poignée d'écus qu'il avait
reçus, et moi, tout aussi content, je renfer-

mai mon plat à barbe comme une relique; mais tout périt en ce monde, et je ne sais pas ce qu'il est devenu.

« Avant de partir, le Roi voulut entendre la messe dans la chapelle, et j'enfermai ma femme dans sa chambre, de peur qu'elle n'ouvrît quelque porte et qu'elle ne fît comme monsieur son père, qui avait eu, la veille, l'impertinence de suivre le Roi dans son appartement et de vouloir lui faire des remontrances sur sa fuite; mais on ne donna pas le temps au Roi d'attendre la fin de la messe. La même scène arrivée à Sainte-Menehould se renouvela, et on entendit des cris et des hurlements dans la cour pour faire partir le Roi. Il sortit de la chapelle et dit encore : « Oui, mes enfants, oui, mes enfants, je vais partir. » La Reine le suivait, et, voulant monter en voiture, elle aperçut un homme d'une taille de géant, vêtu en sapeur avec une hache, un tablier de cuir et un bonnet de poil sur la tête; il avait plus l'air d'un bourreau ou d'un diable sorti de l'enfer que d'un homme. La Reine poussa un cri de frayeur et se retira auprès du Roi. J'ai entendu dire que cet homme, qui était de Vitry, était cependant fort doux ; mais j'avais tout à fait oublié que ma femme était enfermée, et, lorsqu'elle entendit ce tumulte, elle crut que le feu était à l'Intendance et se mit à crier de son côté d'une manière si terrible qu'on fut obligé de lui porter une échelle pour la faire descendre par la fenêtre.

Pendant ce temps-là, j'étais dans la ville et je voyais nos enragés patriotes courir dans les écuries des gardes du corps pour prendre leurs chevaux et accompagner le Roi ; mais je ne pus m'empêcher de rire en les voyant sur ces animaux, qui, ne sentant plus le poids ni la main de leurs maîtres, se cabraient, faisaient des bonds épouvantables et jetaient leurs cavaliers usurpateurs dans les ruisseaux. Il y en eut plusieurs qui eurent les membres disloqués, et cela m'amusait

beaucoup, parce qu'ils le méritaient bien ;
mais enfin le Roi s'achemina vers Paris ;
sur la route il rencontra deux membres de
l'Assemblée nationale qui montèrent dans sa
voiture et renvoyèrent toute son escorte.

Si Louis XVI eût vécu mille ans, il aurait
fait comme moi, il n'aurait jamais oublié
Sainte-Menehould. Tout le monde sait que
ce fut là qu'il fut reconnu par la mère de
Drouet, maîtresse de poste, femme curieuse
et effrontée, qui ouvrit la portière de la
voiture tandis qu'on relayait les chevaux.
Pourquoi les deux gardes ne se trouvaient-
ils pas là pour l'envoyer dans la cuisine ? Ce
fut son fils, qui est devenu sous-préfet à
Saint-Menehould, et un nommé Guillaume,
fils d'un traiteur, qui coururent après le Roi
à travers champs et qui l'arrêtèrent à Varennes. Pourquoi, encore une fois, les deux
gardes du corps ne leur ont-ils pas brûlé
la cervelle pour le faire passer ? Cela aurait
épargné bien du sang plus pur que le leur ;

mais il semble que cet infortuné monarque ne pouvait échapper à son sort. Ce Guillaume avait été mon camarade d'étude, et Drouet était un parent éloigné de ma première femme. Il n'y avait que ma mère et moi dans toute ma famille qui étions sincèrement attachés au parti du Roi, et l'on n'en sera plus étonné lorsqu'on saura ce que je vais apprendre.

Du moment où M. Rose joignit le Roi à Sainte-Menehould, ce bon monarque lui avait remis sa cassette, qui, à ce que j'imagine, renfermait tout qu'il y avait de plus précieux pour sa couronne. M. Rose alla la lui reporter quelques jours après à Paris, et, lorsque le Roi le vit de loin, il quitta tous les courtisans qui l'entouraient et l'embrassa en leur présence. Le lendemain il le nomma ministre de l'intérieur à la place de M. de Lessart, son parent, qui avait été assassiné quelque temps auparavant avec les prisonniers d'Orléans à la porte de l'orangerie de Versailles. Voilà donc mon protecteur

nommé ministre, celui-là même à qui ma
mère et mon oncle avaient envoyé leur
procuration pour me marier et qui fut parrain de ma Victoire. J'espérais aller bientôt
le rejoindre à Paris, et alors les rêves de ma
jeunesse eussent été accomplis; mais, puisque
j'écris ma biographie, ceci exige un petit
éclaircissement sur mes premiers penchants.
Étant encore enfant, je montrais les plus
grandes dispositions pour devenir un jour
artiste horloger, maréchal, ou serrurier;
pourvu que j'eusse toujours le marteau ou
la lime à la main, tout m'était égal. Si je
n'étais pas à la maison, on me trouvait toujours dans les boutiques de l'un ou de l'autre
de ces ouvriers, redressant les vieux clous, ou
limant un morceau de fer ; de manière qu'à
l'âge de huit ou neuf ans j'avais fait une
espèce de petit tournebroche, que ma mère
montrait comme un chef-d'œuvre de son
fils. Envoyé à cet âge chez mon frère, à
Versailles, il voulut me mettre en appren-

tissage chez un tapissier des garde-meubles
du Roi, parce que, dans le métier de tapissier, le marteau est aussi en usage.

Mais un jour il me mena dans les bureaux
des ministres, comme il me menait partout
ailleurs, pour satisfaire ma curiosité d'enfant. Le silence qui y régnait, la vue de tous
ces Messieurs qui écrivaient sur des bureaux
couverts de tapis, les livres, les cartons
rangés autour d'eux, tout cela frappa si
agréablement mon imagination que je dis à
mon frère que c'était ce métier que je voulais apprendre, et pas celui de tapissier. Il
se mit à rire et me dit que j'avais loin à
courir jusque-là ; mais cependant cette idée
ne me sortit jamais de l'esprit. Il n'y a rien
d'extraordinaire dans tout cela. Quoi qu'il
en soit, une fois mon protecteur au pouvoir,
je voyais mes ambitions de l'enfance prêtes
à se réaliser ; mais un sort funeste lui était
réservé : l'homme admiré généralement
pour son esprit d'administration et sa pro-

bité ne fut pas plus heureux que son maître, et on peut citer à son propos ce mot des Romains : qu'il n'y a qu'un pas du Capitole à la roche Tarpéienne ; car, quelques mois après, je lus dans les feuilles publiques, à Cologne : « Jean Évangéliste Rose a été guillotiné à Paris. » Je tombai en faiblesse en lisant cette annonce ; mais, Dieu soit loué ! ses bourreaux périrent à leur tour. On voit par là tout ce que j'ai perdu et si jamais j'ai pu aimer beaucoup ma patrie et faire des vœux pour elle. Il m'eût fallu pour cela être plus qu'un saint, et je n'ai jamais eu l'intention de le devenir.

Les circonstances m'ont entraîné, et j'ai été obligé d'intervertir l'ordre dans lequel les événements de ma vie me sont arrivés et ce qui m'arrivera encore, mais qu'importe ? L'essentiel pour moi est de ne rien oublier de ce qui m'est arrivé de plus remarquable.

J'ai dit plus haut que, si le Roi avait vécu mille ans, il aurait fait comme moi, qu'il n'aurait jamais oublié Sainte-Menehould ; je dois prouver mon assertion. C'est à Sainte-Menehould, comme on l'a vu, que j'ai été aussi reconnu et arrêté par mon perruquier. C'est à Sainte-Menehould que j'ai étudié pendant quatre ans la jurisprudence sous l'avocat le plus fameux, appelé Picard ; c'est là que j'ai mangé plusieurs fois avec l'infortuné comte de Dampierre ; c'est dans cette ville que j'ai passé les plus beaux et les plus heureux jours de ma jeunesse ; c'est là que j'ai coûté tant d'argent à ma pauvre mère, à qui, après mon émigration, on prit tout, qu'on a chassée de sa maison et qui fut réduite à mourir à l'hôpital. Ce Sainte-Menehould ne s'effacera donc jamais de ma mémoire ; mais je veux garder ces souvenirs pour moi et retourner à Aix-la-Chapelle, afin de prendre congé de mon ami l'abbé Daniel avant de m'acheminer pour la Hollande.

CHAPITRE V

Il m'est impossible d'exprimer ici combien l'idée du départ me fut pénible; mon ami avait un tel ascendant sur moi que je ne pouvais plus rien entreprendre sans ses conseils. Cependant, lorsque l'instant de le quitter fut arrivé; nous nous embrassâmes plusieurs fois en nous serrant la main ; mon cœur était suffoqué, mais je tâchai de comprimer ma sensibilité; je le quittai avec précipitation, dans la crainte que cette scène ne devînt trop pénible pour tous les deux,

7

et je le vis se détourner pour me dérober
ses larmes.

Le 2 juillet 1794, je me mis donc en route
pour Amsterdam. Je vins coucher à Maës-
tricht, ville très bien fortifiée, et de là je
continuai ma route pour me rendre à Bois-
le-Duc, où j'arrivai le cinquième jour, après
avoir passé par Breys, Ast, Achel et Eynd-
d'hoven, pays rempli de bruyères et percé
de mille routes si affreuses et si incertaines
que, si le voyageur a le malheur de s'écarter, il lui est impossible de reconnaître son
véritable chemin sans le secours des habitants du pays.

Bois-le-Duc est une ville très forte, surtout par les inondations. Elle est entourée
de prairies immenses baignées par les eaux
de la Meuse. Le dimanche 6, je m'embarquai
pour Rotterdam, avec un grand nombre
d'émigrés français et brabançons qui fuyaient
aussi devant les patriotes. Nous y arrivâmes
le soir ; mais, comme il était trop tard pour

débarquer, nous fûmes obligés de coucher
dans le vaisseau et nous ne descendîmes à
terre que le lendemain matin.

Ne voulant pas séjourner à Rotterdam, je
partis sur-le-champ de cette ville pour me
rendre à La Haye, où je suis arrivé le même
jour.

En passant à Delft, petite ville fort jolie,
j'allai visiter le tombeau des princes d'Orange,
monument superbe où l'on voit d'un côté
un génie, remarquable par son extrême gros-
seur, se tenant debout sur un pied, et de
l'autre un gros chien couché ayant l'air de
ne pas vouloir abandonner le séjour de son
maître.

Le lendemain, je partis de La Haye pour
me rendre à Amsterdam, où j'arrivai aussi
le même jour, après avoir passé par Leyde,
ville très belle et remarquable surtout par
la magnificence de ses maisons de campagne
et de ses jardins, où l'on voit de tous les
côtés de riches pavillons, des grilles dorées ;

en un mot tout ce que l'art et la richesse
peuvent imaginer de plus beau est renfermé
dans ces superbes habitations.

Me voilà donc arrivé dans la ville pour
laquelle étaient toutes mes lettres de recommandation. Comme mon unique but dans la
rédaction de ce journal, qui ne peut avoir
d'intérêt qu'aux yeux de ma femme et de
mes enfants et peut-être encore d'un très
petit nombre de personnes qui me connais-
sent particulièrement, est de leur montrer les
différentes situations, bonnes et mauvaises,
dans lesquelles je me suis trouvé, je dirai
la réception qui m'attendait en Hollande. Je
n'en cacherai pas la plus petite particularité,
persuadé qu'elle ne peut que leur inspirer
une continuité d'intérêt sur mon sort.

D'abord je me suis présenté avec ma lettre
de recommandation chez Mme la comtesse de
Lironcourt, qui m'a reçu avec toute la politesse d'une dame française; mais, lorsque
je lui parlai de son zèle à obliger tout le

monde, elle me répondit, sans savoir encore la nature des services que je voulais lui demander, qu'elle était elle-même réduite à la mendicité. Je lui dis alors que ce n'était point des services pécuniaires que je venais lui demander, mais seulement l'honneur d'être présenté par elle à M. Hoppe pour donner plus de poids à mes recommandations ; que cependant, si la démarche que je la priais de faire lui répugnait, je lui faisais mes excuses d'avoir commis cette indiscrétion. Là-dessus elle me répondit d'un ton plus doucereux que, si elle croyait pouvoir ajouter quelque chose à la lettre de M. le comte de Rechtern, elle le ferait avec grand plaisir, mais qu'elle craindrait au contraire d'en diminuer l'effet, parce que tout son crédit était tellement épuisé auprès de M. Hoppe que dernièrement, comme elle s'adressait à lui, il l'avait priée de mettre des bornes à ses sollicitations et de se retourner vers ses autres connaissances. Tout cela pouvait fort

bien être vrai ; mais, après un langage
aussi clair, je pris le parti de me présenter
moi-même. J'arrive chez M. Hoppe ; un laquais m'introduit dans un magnifique salon
à lambris dorés, et un instant après vient à
moi un personnage à figure étique qui me
paraît n'être pas M. Hoppe. Je lui demandai
cependant si c'était à M. Hoppe à qui j'avais
l'honneur de parler. Il me répondit que oui.
Aussitôt je remis ma lettre, dont il entreprit
la lecture avec la gravité d'un magistrat de
théâtre. Sa voix grêle et son air guindé ne
m'annonçaient rien de bon, et, lorsqu'il eut
fini, il me tint, mot pour mot, le discours que
voici.

« Monsieur, nous ne pouvons vous être
d'aucune utilité ; nous avons des bras plus
que nous ne pouvons en employer. (J'ai
failli lui demander s'il croyait que j'étais
un maçon.) Il est impossible, Monsieur, d'o-
bliger tout le monde et particulièrement tous
les Français qui se présentent. (Tournure

qui prouve bien la haine que j'ai su depuis
qu'il portait à tous les émigrés, surtout depuis qu'il avait prêté à Mgr le comte d'Artois,
dont il ne prévoyait pas alors l'élévation au
trône sous le nom de Charles X.) Enfin,
poursuivit-il, je ne vois pas même que vous
puissiez trouver à vous placer ici; tous les
banquiers ont renvoyé la moitié de leurs
commis; m'entendez-vous, Monsieur? Vous
auriez dû réfléchir avant d'entreprendre un
voyage de cette nature ! »

Comme tout ce discours, prononcé en mesure et en cadence, m'avait donné le temps
de méditer ma réponse, voici ce que je lui
répondis :

« Monsieur, je vous prie de croire que
je ne suis pas venu auprès de vous sans
en avoir reçu le conseil de M. le comte de
Rechtern, votre ami; c'est lui, Monsieur,
qui m'a engagé à venir en personne solliciter
vos bontés, persuadé que vous auriez des
égards à la prière qu'il vous fait pour moi...»

Il parut un instant frappé de ma réponse.
Je continuai donc en lui peignant ma position et en lui donnant à entendre que j'accepterais tel modique emploi qu'il voudrait me donner, et que je ferais tout ce qui dépendrait de moi pour lui être agréable. Il me répondit, pour me consoler, qu'il ne pouvait rien ajouter à ce qu'il m'avait dit ; que, quant à ma position, elle était commune à tous les émigrés, et que, d'ailleurs, j'avais sûrement quelques autres recommandations pour Amsterdam. Je lui répliquai qu'il était mon unique ressource et lui montrai en même temps de mon écriture que j'avais un peu soignée et qu'il trouva bonne. Aussitôt il m'engagea à m'adresser à un homme dont il me donna adresse, qui ne faisait, m'a-t-il dit, d'autre métier que de placer des jeunes gens, qu'alors il répondrait de moi, mais que c'était tout ce qu'il pourrait faire. Désespéré de m'être humilié devant un tel homme, dont la mauvaise volonté était encore ac-

compagnée de choses aussi dures, je sortis avec précipitation pour aller trouver mon marchand de places, bien persuadé d'avance que je ne serais pas plus heureux auprès de lui, mais simplement pour n'avoir aucun reproche de négligence à me faire.

Arrivé près de celui-ci, il me dit, tout net et sans chercher aucune tournure qu'il ne pouvait me placer d'aucune manière, pas même comme domestique, et que c'était l'usage de **MM.** les banquiers de lui envoyer toutes les personnes dont ils voulaient se débarrasser. Au moins sa franchise me plut; mais, achevé d'être confondu par ce nouveau genre de compliment, je lui fis bien vite ma révérence et retournai dans l'auberge où j'étais descendu, pour réfléchir au parti que je devais prendre.

Le lendemain matin, j'allai retrouver Mme la comtesse de Lironcourt pour lui faire part du mauvais succès de ma démarche, et, sur le portrait que je lui fis du personnage

qui m'avait reçu chez M. Hoppe, elle me
dit que c'était son neveu. Cette découverte
me rendit un peu d'espoir, dans la persuasion que, si je pouvais joindre le véritable
M. Hoppe à qui j'étais adressé, j'aurais peut-
être meilleure chance. Je retourne donc
chez lui, sur l'avis de Mme la comtesse. Introduit dans son cabinet, je trouvai en lui un
homme infiniment plus poli et plus aimable
que monsieur son neveu. Je lui tins à peu
près le même discours qu'à ce dernier, mais
excepté une trentaine de florins de Hollande
qu'il m'offrit très gracieusement et que je fus
bien forcé de prendre, parce que je voyais
le fond de ma bourse, rien ne put changer
mon sort. Il avait sûrement été prévenu, et
tout ce que le neveu m'avait dit la veille
était bien dit ; il ajouta cependant, d'une
manière honnête, qu'il savait bien que ce
petit don ne remplissait pas mon vœu, mais
que, dans les circonstances, et en effet elles
étaient très critiques, c'était tout ce que

l'on pouvait faire pour moi. Il fallut donc me retirer et chercher fortune ailleurs.

De retour encore une fois chez Mme la comtesse de Lironcourt, elle parut infiniment sensible à mes disgrâces ; mais elle me répéta toujours qu'elle était elle-même réduite à l'aumône et qu'elle était bien fâchée de ne pouvoir me revoir parce qu'elle allait partir pour la campagne. Je compris parfaitement toute la force de ce compliment et lui fis aussitôt mes adieux en lui souhaitant un bon voyage, bien déterminé aussi à ne plus la revoir, ni elle, ni mes autres protecteurs d'Amsterdam. Je ne suis pas même retourné chez M. le comte de Gontaut-Saint-Geniès, parce que j'ai trouvé ce pauvre comte accablé d'une triste maladie, aussi embarrassé que moi de sa personne et peut-être encore plus léger d'argent.

Livré à mes tristes réflexions et très résolu de quitter Amsterdam au plus vite, je me rappelai la connaissance d'un Français que j'avais rencontré sur ma route et qui restait à la Haye. Présumant qu'il pourrait peut-être me rendre quelque service, je résolus d'aller le rejoindre. Mais, avant d'abandonner mon triste séjour d'Amsterdam, je veux cependant en dire quelques mots pour conserver la mémoire de ce que j'y ai vu, puisque je pourrais l'oublier plus facilement que ce que j'y ai entendu.

Amsterdam m'a paru très joli. C'est une chose étonnante de voir avec quelle activité une foule de monde travaille à charger et à décharger les tonneaux et les balles de marchandises dans tous les magasins. Le port est couvert de vaisseaux, dont les mâts ressemblent à une forêt d'arbres dépouillés de feuilles. Toutes les rues sont de la plus grande propreté, elles sont encombrées de marchandises, et les canaux, dont les eaux sont sales et bourbeuses, sont remplis de barques et de bateaux couverts de matelots et d'ouvriers ; c'est comme une vraie fourmilière.

La propreté est une chose si généralement recherchée en Hollande que l'on voit les servantes laver le pavé des rues avec une brosse, et dans plusieurs provinces les paysans même la portent à un excès d'extravagance ; plusieurs personnes m'ont assuré que certains d'entre eux avaient des chambres dans lesquelles vous n'auriez pas la permission d'entrer sans qu'auparavant ils vous eussent fait ôter votre chaussure et donné des mules, dans la crainte de gâter leurs planches.

Amsterdam renferme dans son enceinte beaucoup de belles places et d'édifices publics. Malgré toutes ces beautés, j'ignore si les réceptions qu'on m'y a faites me font juger son séjour avec partialité, ou non ; mais je dirai, pour mon compte, que je ne le crois agréable que pour les gens qui s'y enrichissent, et détestable, au contraire, pour les étrangers et les émigrés, surtout à cause de la cherté des vivres et des logements.

Ce fut le 11 juillet 1794, quatre jours après mon arrivée dans cette ville, que je me rembarquai sur les canaux pour aller rejoindre à la Haye mon compatriote, M. Schedel. Je ne pouvais pas être trompé sur mes espérances à son égard, parce que je savais d'avance qu'il n'avait point de place à me donner ; mais au moins j'étais sûr qu'il me montrerait de l'amitié et la meilleure volonté de me rendre service.

D'abord il me conseilla de prendre une petite chambre à bon marché dans une auberge, en attendant que nous eussions découvert quelque ressource. Je le fis, et dès le lendemain nous nous mîmes à chercher ; huit jours, quinze jours s'écoulent et nous cherchons toujours ; mais rien, absolument rien.

Mon obligeant compatriote n'était pas le seul qui s'intéressât à moi ; ses amis et un M. Gueriot de Belseau, natif de Châlons, dont j'avais fait la connaissance, frappèrent

inutilement à toutes les portes. Mais trois
grandes causes empêchaient alors les émigrés
de trouver des ressources en Hollande : la
première, c'est que les Hollandais craignaient
que les Français n'entrassent dans leur pays
et que ce ne fût une mauvaise recommandation pour eux d'avoir reçu les émigrés
dans leur maison ; la seconde, et que je suis
fâché d'avouer pour l'honneur de certains
émigrés, c'est que plusieurs, qui avaient
trouvé des secours dans les meilleures maisons, s'y étaient si mal comportés que tous
ceux qui avaient encore envie d'obliger en
étaient éloignés par la crainte d'essuyer la
même récompense ; la troisième enfin venait
de la différence de religion, aucun des
protestants les plus riches du pays ne voulant confier l'éducation de leurs enfants à un
catholique, soit prêtre soit laïque.

J'avais donc passé plus de deux semaines
dans mon auberge sans avoir plus d'espérance
d'être placé que les premiers jours ; au con-

traire, les nouvelles que l'on débitait m'en éloignaient encore d'avantage. Je voyais le fond de ma bourse et point de moyen de la remplir. Désespéré de me voir talonné par la misère et encore plus s'il eût fallu retomber à la charge de mon ami, que je savais n'avoir déjà que trop épuisé, je n'avais, plus d'autre moyen de me tirer de là que celui de m'engager dans une des légions que l'on formait alors au compte de l'Angleterre. Ce parti me semblait fort dur; à la vérité, je n'avais pas l'âme très belliqueuse ; mais mettre en pratique la maxime de Voltaire me paraissait encore plus dur :

Quand on a tout perdu, quand on n'a plus d'espoir,
La vie est un opprobre et la mort un devoir !

La mort, à la bonne heure ! Mais il est plus noble de la recevoir de la main d'un ennemi que de se la donner, et j'allai trouver M. de Belseau pour lui faire part de ma résolution. Aussitôt il me conduisit chez M. le

comte de Martanges pour me faire donner
une lettre de recommandation. Ce commissaire des Princes, infiniment honnête, m'accueillit fort poliment et m'en donna une
pour le marquis d'Autichamp. J'allais donc
partir pour aller prendre l'habit de hussard
avec huit francs dans ma poche pour faire
cinquante lieues ; mais, en sortant de la maison de ce général, je rencontrai un Français, appelé le chevalier de Ferque, que
j'avais eu l'occasion de voir plusieurs fois.
Remarquant sans doute l'altération peinte
sur ma figure, il me demanda ce que j'avais.
Je lui fis l'aveu de ma position, à laquelle il
parut fort sensible, et, après quelques instants
de réflexion, voici le discours qu'il me tint :
« J'ai, me dit-il, fait une entreprise de mous-
seline et de velours peints, qui, par la suite,
pourrait devenir conséquente et dans laquelle j'aurais besoin d'être secondé par
quelqu'un de jeune et d'intelligent ; personne ne me paraît plus propre à la chose,

et, si vous voulez, je vous associerai à mes travaux. »

Je ne me doutais nullement avoir l'esprit de cette chose ; mais, puisqu'il me le disait, il fallut bien le croire. Enchanté d'une pareille proposition, je lui demandai sa confiance en l'assurant de mon dévouement à ses intérêts. Nous retournâmes chez lui, où il me donna toutes les instructions nécessaires pour le servir, et voilà mon engagement chez les hussards retardé.

Il s'agissait d'abord de retourner du côté d'Aix-la-Chapelle ; rien ne pouvait me faire plus de plaisir, car j'espérais y retrouver encore mon ami l'abbé Daniel et mes autres connaissances. Mon départ fut fixé au 26 juillet, et, comme M. de Ferque ne m'avait prescrit aucune route, ni fixé de jour pour mon arrivée, m'ayant au contraire laissé la plus entière liberté à ce sujet, je formai aussitôt le plan de passer par Nimègue et la Gueldre prussienne, étant bien aise de voir ces contrées, dont j'avais beaucoup entendu parler; mais, comme je n'ai encore abandonné aucune ville sans me permettre de faire mes petites remarques, je ne veux pas commencer par la Haye, dont le séjour me fut infiniment plus agréable que celui d'Amsterdam, quoique moins lucratif, sans lui rendre la justice qui lui est due.

La Haye n'est pas une grande ville, mais une des plus jolies de la Hollande. C'est là que le stathouder fait sa résidence. J'ai vu ce prince plusieurs fois; il m'a paru extrèmement doux et populaire, car tout le monde pouvait l'aborder.

Les maisons de la Haye sont presque toutes comme des petits palais. Il y a plusieurs grandes places ombragées par de très gros arbres ; mais rien surtout n'est au-dessus des beautés du cabinet d'histoire naturelle que j'ai vu plusieurs fois. La collection des oiseaux est superbe, ainsi que celle des reptiles, et celle de minéraux est extrèmement

riche, car on y remarque, entre autres pierres
précieuses, une topaze plus grosse que la
tête d'un homme et que l'on assure être la
plus belle que l'on ait jamais vue.

Le stathouder a un château à peu de
distance de la ville, que l'on nomme sa maison du Bois et qui est très joli. Il est en
effet situé dans une espèce de petite forêt,
coupée par des allées de grands arbres qui
forment des promenades superbes ; mais la
plus belle allée que j'aie vue est celle qui
conduit de la Haye à Echewings, village
situé sur les bords de la mer. Sa longueur
est de près de trois quarts de lieue ; la route
est garnie d'arbres taillés en berceau et
pavée de briques aussi unies que celles d'un
appartement.

C'est à Echewings que j'ai vu la mer pour
la première fois. Je m'y suis baigné, à l'exemple des autres, malgré la grande agitation
dans laquelle elle était ce jour-là ; mais mon
imprudence me coûta cher, car, six heures

après, je vomissais encore à cracher le sang.

Je regrette de cesser de parler de la Haye et de quitter la Hollande au moment où je finis mes remarques par des vomissements ; mais il n'y a pas d'équivoque possible, et l'on voit très bien que c'est du tribut à la mer que je veux parler. Assurément j'avais de la Hollande jusque par-dessus les yeux ; cependant ce n'en est pas moins un très joli pays, dont le souvenir ne s'est jamais effacé de ma mémoire.

J'abandonnai la Haye le 26 juillet pour retourner à Aix-la-Chapelle ; arrivé à Rotterdam, je trouvai un vaisseau qui partait pour Nimègue ; à minuit, je m'embarquai avec un ecclésiastique français et, dans la nuit du 29, nous arrivâmes ; mais, comme il était trop tard, nous jugeâmes à propos de ne débarquer que le lendemain matin.

Nous employâmes une partie de la matinée à parcourir la ville et à visiter les fortifications. La ville est grande, mais elle n'a

rien de beau. Elle est située sur une hauteur
défendue d'un côté par plusieurs ouvrages en
terre, et de l'autre par le Rhin. Mon digne
compagnon et moi ne voulant pas y séjourner, nous partîmes dans l'après-midi du
même jour pour aller coucher à Clèves.

Les 30 et 31 nous traversâmes toute la
Gueldre prussienne pour arriver à Dusseldorf. Nous passâmes à Xanten, petite ville
assez jolie mais dont les environs surtout
sont superbes. De là nous arrivâmes à Rhein-
berg, petite ville belle en dehors, mais
laide en dedans; je n'oublierai pas le village d'Ordingen, où nous rencontrâmes
une petite Allemande très jolie, bien mise,
se disant de Cologne, et avec laquelle
nous fîmes route pendant deux jours. Dans
l'après-midi du premier jour, un orage
affreux nous surprit, et nous fûmes obligés de coucher dans un mauvais village
où il n'y avait ni auberge, ni lit; nous descendîmes dans une maison de paysan, où il

n'y avait qu'une seule chambre, et, après
avoir soupé tous les trois, je fus obligé de
préparer un lit composé de plusieurs bottes
de paille, sur lesquelles nous passâmes une
fort bonne nuit, le prêtre dans un coin, la
petite Allemande dans l'autre, et moi dans le
milieu.

Le lendemain nous nous remîmes en route
pour Neuss. Arrivé là, le trio fut obligé de se
séparer. C'était dommage, car jamais voyage
ne m'avait paru si agréable. L'un prit la
route de Dusseldorf, l'autre celle de Cologne,
et le troisième, qui était moi, celle d'Aix-la-
Chapelle. Enfin, le surlendemain de cette
séparation, j'y arrivai, et la première nouvelle que j'appris fut que mon ami l'abbé
Daniel était parti pour Solingen.

Cette transmigration m'affligea d'autant
plus que je m'étais fait une fête de le revoir;
mais rien ne devait pour cela me faire né-
gliger ma commission. Je m'en occupai sé-
rieusement, et peu de jours après j'en rendis

compte à **M.** de Ferque; mais je n'entrerai dans aucun détail à ce sujet, des raisons particulières, que je me ferai toujours un devoir de respecter, m'obligeant à garder le silence.

J'attendais des réponses de M. de Ferque, qui ne tarda pas à me mander qu'il allait arriver à Aix-la-Chapelle et que je pouvais l'y attendre. Il arriva en effet peu de jours après, et nous restâmes ensemble jusqu'au 16 septembre, époque où les Français commencèrent à forcer les troupes alliées de se replier.

M. de Ferque obligé de fuir comme les autres et ne pouvant plus faire usage de ses talents, je fus le premier à lui parler de mon inutilité, et nous nous quittâmes. Alors je m'acheminai vers Neuss pour me rapprocher de mon ami.

Pendant toute ma route, c'est-à-dire les 17, 18, 19 septembre, j'entendis gronder le canon de gros calibre depuis le matin jusqu'au soir. Tout le monde connaît l'issue de ces journées, et je n'en parlerai point; mais une chose que beaucoup de personnes ignorent et que je tiens de la bouche de mille spectateurs, c'est le tableau affreux qu'offrit alors la ville d'Aix-la-Chapelle, qui renfermait quantité de familles d'émigrés. Jamais, dit-on, spectacle ne fut plus triste que de les voir pêle-mêle, hommes, femmes, enfants, vieillards, religieuses et ecclésiastiques, avec la moitié des habitants de la ville, s'enfuir effrayés de l'arrivée des patriotes ; de malheureux vieillards remplis d'infirmités étaient obligés de se sauver à pied, leur paquet sur le dos ; des femmes marchaient nu-pieds dans la boue, traînant leurs enfants par la main, en jetant des cris de désespoir. ...Non, la plume se refuse à décrire d'aussi tristes spectacles ; le souvenir en est trop pénible, surtout quand on sait que ce sont des Français qui faisaient tant de mal à des Français.

CHAPITRE VI

En arrivant à Neuss, j'écrivis à mon ami,
que je croyais encore à Solingen pour l'instruire de ma nouvelle position et lui demander conseil. J'attendais de ses nouvelles avec
impatience ; huit jours s'écoulèrent sans que
je reçusse aucune réponse. Je connaissais
son exactitude et je ne savais à quoi attribuer un si long silence ; enfin, ne pouvant
plus tenir à mon inquiétude, je pris le parti
d'aller à Solingen ; arrivé là, j'appris encore
son nouveau départ pour Lübeck, port de
mer à plus de cent lieues de Neuss. Cette
nouvelle fut terrible pour moi, mais on m'as-

sura qu'il avait témoigné le plus grand regret à son départ de ne pas avoir reçu de mes nouvelles et qu'il m'avait écrit à Cologne, lieu de la dernière adresse que je lui avais donnée.

Que devenir sans avoir revu cet ami, ni pris conseil de lui ? Aussitôt je pris la route de Cologne pour aller chercher ma lettre, et bien m'en prit de ne pas tarder une minute, car, en arrivant dans cette ville, tout le monde était dans la plus grande consternation et fuyait au delà du Rhin, à cause de la prise de Juliers par les Français. Des avis arrivaient à chaque instant qu'ils n'étaient plus, tantôt qu'à deux, tantôt qu'à une lieue de la ville. Le pont volant était encombré, et je fus obligé de me jeter avec quantité d'autres dans un bateau. Je fus un des derniers émigrés qui passèrent le Rhin ; ce fut dans l'après-midi du 4 octobre ; mais j'avais reçu ma lettre, dont voici la copie ; alors je ne balançai plus sur le parti que j'avais à prendre. Puisqu'il fallait fuir, le plus loin était le meilleur, et je m'acheminai sur-le-champ pour Lübeck.

« A Solingen, le 20 août 1794.

« Je reçois avec d'autant plus de plaisir, mon cher Thoury, de vos nouvelles, que j'étais fort en peine de vous. Je ne pouvais supposer que ce fût par négligence de votre part ; j'avais donc à craindre que vous ne fussiez de nouveau maltraité par les événements, et je ne me suis pas trompé. Enfin, après bien des tribulations et de nouvelles épreuves, la Providence vous a offert une ressource qui vous met pour le moment à l'abri des inquiétudes. Je l'en remercie. Je ne me suis point pressé de vous répondre, parce que vous me mandez dans votre lettre que vous partez le lendemain pour aller à la quête de votre porte-manteau ; mais cette démarche me laisse des inquiétudes. Les Français sont à Trèves : et il vous faudra au moins traverser les armées alliées, et je crains bien que cela ne vous soumette à des inquisitions bien molestantes. Mandez-moi, à votre retour, comment vous vous en serez tiré et si vous êtes parvenu à obtenir vos effets.

« Pour moi, me voici transplanté dans un pays bien maussade et qui n'offre aucune ressource. Je paye une pension de quarante livres par mois, pour y être bien mal nourri et encore plus mal abreuvé. J'ai été, pendant les premiers quinze jours, fort incommodé de la mauvaise bière que je bois, et je n'ai pas l'espoir de recevoir la moindre rétribution de mes messes. Ce pays est presque entièrement peuplé de luthériens et de calvinistes, et ce qu'il y a de catholiques est dans la misère. Il n'y a que l'espoir que cette transmigration ne sera pas longue qui me soutient. Si elle durait quelques mois, je me verrais absolument sans le sou.

« Nous apprenons dans le moment que les Carmagnoles sont chassés de Liège. Si cette nouvelle se confirme et a des suites, je pour-

rai, avant qu'il soit peu, me rendre à Borcette, dont le séjour est pour moi à tous
égards de première nécessité ! Ma santé
s'accommode peu du séjour que je fais ici,
et j'y ai été presque toujours souffrant.

« Il y a bien quelque apparence que le sort
de nos Princes va changer. Déjà M. le comte
d'Artois est parti pour se rendre à Londres,
et il y a lieu de croire qu'il y aura un corps
d'émigrés qui sera sous ses ordres. Je serai
bien doublement molesté alors de n'avoir pas
rétabli ma santé pour me mettre en campagne avec nos Princes. Il me faudra encore
avaler cette couleuvre. Si M. le Régent
reparaît dans ces pays, comme j'ose l'espérer,
je ferai tout ce qui me sera possible pour
vous y être utile par mes amis, et vous prouver l'attachement sincère avec lequel je suis,
Monsieur, votre, etc.

DANIEL,

Aumônier des gardes du corps du Roi de France.

Le même jour de mon départ de Cologne, je vins coucher à Ratingen, petite ville à trois lieues de Neuss, après avoir traversé Düsseldorf. Je n'ai vu cette ville qu'en courant, et elle m'a paru très jolie ; mais une chose surtout que j'ai regretté de ne pas avoir vu, c'est une galerie de tableaux, dont on m'a assuré que rien n'était plus beau à voir.

Le 5 et les jours suivants, je continuai ma route avec un chevalier de Saint-Louis et deux autres émigrés pour Münster. Nous passâmes à Mülheim, où nous fûmes obligés de coucher sur la paille sans craindre d'avoir d'indigestion, car à peine pûmes nous trouver un morceau de pain pour souper ; mais ce malheur était d'autant plus supportable que mes compagnons et moi nous étions déjà accoutumés à cette frugalité.

Arrivés à Münster, première ville de Westphalie, où le duc d'York est évêque, nous trouvâmes une grande et belle ville et le château de l'Électeur surtout de toute beauté. Il est entouré de petits bosquets et de promenades superbes, au milieu desquelles se trouve un bassin magnifique. Je séjournai à Münster, et le 8 octobre j'en partis seul pour Osnabrük.

De Münster à Ibourg le pays est plat, désert et aquatique ; les habitations des paysans ne sont autre chose que des étables où hommes, chevaux et vaches habitent ensemble sans aucune séparation, et on peut même dire que les bestiaux y occupent la plus belle place, car je vis non pas une fois, mais dix, les vaches attachées presque auprès du feu. Le pays d'Ibourg jusqu'à Osnabrück est au contraire un sol montagneux rempli de bois nain, ce qui prouve l'ingratitude du terrain. Osnabrück est une ville assez considérable, séparée en deux : la ville neuve et la ville vieille. Je n'y ai rien vu de remarquable, excepté les coiffures des femmes, qui sont affreuses. Elles ont la tête couverte de petits bonnets avec des galons et d'immenses papillons retroussés laissant voir de grosses faces découvertes jusqu'aux oreilles.

Le 13 octobre, je partis d'Osnabrük pour Brême, distant de 25 lieues. J'avais deux compagnons français et tous les deux musiciens : l'un de Valenciennes et l'autre d'Armentières. Nous arrivâmes le même jour à Furné, petit village fort joli, où nous fûmes parfaitement bien traités, très proprement et à bon marché.

Le lendemain nous couchâmes à Vechte, petite ville assez propre, mais dont les environs sont déserts, et où, pour arriver, nous fûmes obligés de traverser des montagnes de sable, que les eaux du déluge semblaient avoir formées.

Le 15, nous arrivâmes à Harnstedt, après avoir traversé cette fois des bruyères immenses au lieu de montagnes, sans rencontrer que quelques habitations, qui ne diffèrent en pauvreté de celles du pays d'Ibourg qu'en ce qu'il n'y a pas de cheminée. Les habitants brûlent leur terre, et la fumée s'évapore par les portes et par les toits, après avoir traversé tout le foin et toute la paille qu'ils ont dans leurs greniers.

Le 16, arrivé à Brême, traversé par le Weser, fleuve presque aussi considérable que le Rhin et situé au milieu d'une prairie immense qui était couverte de bestiaux. Brême est une ville libre et républicaine dont la population, m'a-t-on dit, est d'environ cinquante mille âmes et dont le commerce s'étend dans toutes les parties du globe.

Les maisons, quoique bâties dans un genre ancien, sont très jolies. Tous les rez-de-chaussée sont une espèce de saillie garnie de vitraux de tous les côtés, de manière que les habitants, sans se déranger de dessus leur chaise, peuvent voir les passants d'un bout de la vue à l'autre, genre d'examen

différent de celui des Hollandais ; ces derniers, en effet, placent d'un côté et de l'autre
de leurs fenêtres des miroirs qu'ils appellent
espions.

Le 17, toujours accompagné de mes deux
musiciens, partis de Brême pour Hambourg
avec une lettre de recommandation de la
part d'un M. Gaspard Brust pour M. Scher-
penbeck, ami de l'abbé Daniel et à qui
j'avais été adressé par M. le curé de Solingen. Quelle sollicitude de la part de mon
ami ! Il ne cessait de s'occuper de moi.

On compte douze milles d'Allemagne de
Brême à Hambourg, mais qui valent bien
25 lieues de France.

Le premier jour, après avoir passé par
Ténèbre et Ottersberg, nous arrivâmes dans
un mauvais village dont le nom m'est échappé
où nous faillîmes nous battre avec notre hôte,
faute de nous comprendre ni les uns ni les
autres. D'abord il nous reçut d'une manière
fort honnête et de laquelle nous n'avions

lieu que de nous féliciter ; mais vers le soir
il vint à nous, engagea une conversation à
laquelle nous ne répondions que par des
« Kan nicht verstehen ». A la fin, cet homme
se fâcha si terriblement contre nous que
nous crûmes voir l'instant où il allait nous
jeter à la porte. Mes compagnons et moi,
très décidés à ne pas sortir, nous résolûmes
de ne plus faire attention à tout ce qu'il nous
disait. Bouillant de colère, il saisit mon bras.
Je crus qu'il voulait me frapper, et je me
mis sur la défensive ; mais point du tout ;
il me fit signe de le suivre. J'obéis sans savoir ce qu'il voulait de moi, et je dis à mes
camarades de ne point bouger de la chambre. Nous traversâmes tout le village et nous
entrâmes chez le bourgmestre, dont la femme
heureusement parlait français. Je lui dis
que cet homme avait voulu nous chasser ou
nous battre, et que nous aurions été fâchés
de nous mettre trois contre un ; mais elle se
mit à rire et me dit que ce que croyais une

querelle n'en était pas une, qu'il voulait
seulement avoir un billet de logement, mais
qu'il avait cru que nous nous refusions à
remplir cette formalité ; mais que son mari
allait nous en délivrer un. Notre fougueux
aubergiste fut aussitôt radouci. Je remerciai
la dame et je retournai bien vite tranquilliser mes deux compagnons, qui étaient dans
la crainte d'être obligés de sortir du village
et d'aller chercher un gîte ailleurs.

Le 18, nous arrivâmes à Schesser, après
avoir passé à Rotenbourg. Nous descendi-
mes là chez un maître d'école protestant, où
nous trouvâmes une jeune fille, sûrement la
sienne, quoique couverte d'une robe en lambeaux, — les maîtres d'école ne sont riches
nulle part, — une fille, dis-je, dont la beauté
nous frappa tellement que nous restions là
à la regarder sans mot dire, comme si elle
nous eût paralysé la langue à tous les trois.
Jamais nous n'avions vu, ni l'un ni l'autre,
une aussi belle créature ; son teint, sa bou-

che, ses yeux, sa taille, tout en un mot faisait d'elle une figure telle que l'imagination des peintres n'en avait pas encore formé. C'est de celle-là qu'on aurait bien pu dire que c'était un morceau de roi.

Le 19, nous couchâmes à Tostedt, et le 20 à Harbourg, ville située sur les bords de l'Elbe et dont les maisons sont bâties dans le genre de celles de Troyes en Champagne.

Dans l'après-midi du 20, la pluie nous prit vers les 4 heures, et il se forma un arc-en-ciel au-dessus de nos têtes. Jamais nous n'avions vu non plus un pareil phénomène. Les deux extrémités de l'arc-en-ciel semblaient toucher à terre et n'être pas plus éloignées l'une de l'autre que d'environ quatre pieds; de manière qu'en tendant les bras on aurait pu les rapprocher pour en former un cercle parfait. Ce nouveau phénomène ajouté à celui de la beauté de Schesser fit que nos yeux furent frappés de deux spectacles touchants dans le pays d'Hanovre, l'un venant du ciel et l'autre existant sur la terre.

Le 21, à 7 heures du matin, nous passâmes l'Elbe dans le bateau d'Harbourg, pour nous rendre à Hambourg, où nous ne débarquâmes qu'à 10 heures, ce qui fait 3 heures de passage sur ce fleuve immense, qui va se jeter dans la mer à Ritzbuttel, distant de douze lieues de Hambourg.

Arrivé à cette fameuse ville républicaine et hanséatique, nous nous fîmes nos adieux avec mes deux compagnons de voyage. Si l'argent, chez eux comme chez moi, n'avait été plus court que leur gaîté, je crois que nous aurions fait le tour du monde ensemble sans nous ennuyer, car en vrais Français, avec le paquet sur le dos, nous égayions la fatigue par les bons mots, les histoires et les chansons. D'abord mon voyage m'avait effrayé; mais, grâce à mes compagnons, il fut le plus agréable que j'eusse jamais fait de ma vie.

Aussitôt après notre séparation, je me fis conduire chez M. Scherpenberg, jeune homme à peu près de mon âge, fort aimable et qui me reçut avec beaucoup d'amitié et de prévenance. Il me logea dans une jolie petite chambre qui donnait sur la rue, me traita à merveille et me fit boire tous les jours du vin. J'étais parfaitement bien. Un soir que j'étais à ma fenêtre, j'entendis jouer de l'orgue de Barbarie accompagné d'une superbe voix, qui retentissait au loin dans la rue et qui ne me paraissait point inconnue. Je descends pour voir ce que c'était, et je reconnais mon abbé, mon cher compagnon de voyage. Nous nous embrassâmes et je lui demandai quel métier il faisait là. « Ma foi, me dit-il, tu le vois, je chante toute la nuit dans les rues pour gagner mon petit écu ; je dors toute la journée pour dépenser moins, et mon métier n'est déjà pas si mauvais, pourvu qu'il puisse durer. » Voilà comme les pauvres émigrés gagnaient leur vie, les uns à chanter, les autres à faire des paniers, et les autres à ravauder des bas de soie. J'ai vu un greffier du Parlement de Rouen n'avoir d'autre ressource. Pour moi, qui ne savais rien faire de tout cela, je préférai courir au bout du monde plutôt que de rester en Allemagne, et j'ai pris le bon parti, comme on le verra bientôt.

Nous visitâmes, avec M. Scherpenberg, la ville et ses environs. Hambourg est une ville très grande et très commerçante, mais n'a rien de très beau, ni de très remarquable ; du moins je n'ai rien vu de tel. Les catholiques y sont pauvres, en très petit nombre, et ne peuvent jouir d'aucun emploi.

Le 28, je quittai M. Scherpenberg en lui faisant bien des remerciements de sa bonne réception. Je m'étais parfaitement remis des fatigues de mon voyage, et je pris la diligence de Hambourg pour me rendre à Lübeck. Non, jamais aucun être vivant n'a pu imaginer pour son semblable une aussi infernale voiture. L'homme qu'on mettrait à la torture pour avoir assassiné son père et sa mère ne pourrait souffrir davantage. Je me trouvai dans cette exécrable diligence avec plusieurs voyageurs qui partaient pour la Russie, et entre autres un émigré français appelé Bertier de la Garde, officier du génie au service de la Hollande.

Nous arrivâmes le 30 à Lübeck. où je retrouvai mon sincère ami, l'abbé Daniel, bien portant, reçu et fêté dans toutes les premières maisons de la ville. Je lui fis part de la rencontre que j'avais faite des personnes qui allaient s'embarquer pour la Russie et du désir que j'avais d'y aller moi-même. Il me dit que c'était le seul coin de la terre où les malheureux Français pussent trouver des ressources, et alors je n'hésitai plus un seul instant pour m'embarquer, malgré ma timidité naturelle sur l'eau. Il m'obtint un passeport du consul de Russie, et nous attendîmes, mes compagnons et moi, le départ du premier vaisseau.

Nous restâmes onze jours à Lübeck, où nous fûmes parfaitement bien. La ville est aussi commerçante qu'Hambourg, plus petite, mais beaucoup plus agréable ; ses remparts sont de toute beauté ; il y a beaucoup d'églises, qui étaient autrefois catholiques, mais qui appartiennent maintenant aux protestants.

Enfin, le 10 novembre 1794, à midi, après avoir fait mes adieux à mon ami, qui pria le bon Dieu pour moi, je partis de Lübeck afin de me rendre à bord d'un navire (commandé par un certain capitaine Boy), qui mouillait dans le port de Travemünde, distant de quatre lieues de Lübeck.

La saison était déjà un peu avancée, mais on nous assura que le capitaine était heureux et que nous serions bientôt à Riga. Notre équipage était composé de six matelots, non compris le capitaine, et de huit passagers. Le vent étant favorable, on leva l'ancre à minuit et nous partîmes. Deux jours s'écoulèrent sans y penser ; la mer Baltique, d'accord avec les vents, semblait nous protéger, et nous pensions déjà à notre arrivée à Riga. Le troisième jour, le vent devint contraire, une tempête s'éleva, et nos voiles furent à l'instant baissées ; mais la mer se mit tellement en courroux que notre navire à chaque instant fut couvert par les vagues, jeté tantôt d'un côté et tantôt d'un autre ; nous roulions dans nos lits comme des morceaux de bois.

Pendant onze jours consécutifs, excepté quelques heures d'intervalle, nous eûmes le même temps. J'étais alors dans mon chenil — car il est impossible de donner le nom de lit à un endroit pareil — malade à mourir et vomissant sans cesse ; mon estomac ne pouvait absolument rien souffrir ; je tombais de faiblesse, je ne prenais aucun intérêt à notre position, et je courais le danger de périr à chaque minute sans le savoir. Cette ignorance était encore un bonheur. Un jour cependant, étonné de la quantité de manœuvres que je voyais faire, j'interrogeai M. de la Garde sur ce que cela signifiait. Il me répondit que, notre vaisseau étant poussé depuis deux jours par les vents contraires, le capitaine venait de reconnaître que nous étions dans une mer remplie d'écueils, exposés à périr à chaque minute et que, ne pouvant tenir plus longtemps cette mer avec sécurité, il avait ordonné qu'on fît voile vers l'île de Bornholm. Effrayé à ce discours, je commençai pour la première fois à ouvrir les yeux sur notre position. A chaque secousse du vaisseau, je tremblais de nous voir briser sur quelque rocher. Cependant, quelques heures après, M. de la Garde vint me dire que nous n'étions plus qu'à cinq lieues de l'île et que nous y arriverions sûrement vers midi. Ceci calma un peu mes inquiétudes et me rendit de l'espérance.

Nous y arrivâmes en effet vers l'heure

indiquée ; c'était le mardi 25 novembre.
Notre navire côtoyait l'île lorsque, à l'approche de la nuit, le vent sembla vouloir
redevenir favorable. Le capitaine alors, estimant qu'une heure pouvait lui être infiniment précieuse, ne jeta point l'ancre, ainsi
que cela avait été projeté pour pouvoir faire
des provisions, car nous commencions à manquer de tout, et nous naviguâmes toute la
nuit.

Le lendemain à la pointe du jour, calme
plat qui dura toute la journée. Le 27, un
petit vent frais, qui nous conduisit jusqu'à
la hauteur de l'île de Gotland, sembla encore vouloir nous protéger. L'espérance naissait dans tous les cœurs ; mais que cette joie
fut de courte durée ! Arrivés au passage
appelé Domesness, le plus étroit et le plus
dangereux de la mer Baltique, où, en plein
jour et avec un bon vent, il n'y a pas d'année
qu'il ne périsse des vaisseaux, toute la nature sembla se déclarer contre nous : nuit

obscure, une grêle affreuse et la tempête la
plus terrible que nous eussions encore éprou-
vée. Le bruit de la mer devint épouvantable;
ses vagues, en se brisant contre notre vaisseau, semblaient le frapper à coups de canon.
La consternation devint alors générale; les
figures changèrent, et tout l'équipage semblait réfléchir aux moyens de sauver sa vie
sur quelque débris du vaisseau; mais tout
ceci n'était encore que le prélude de la crise
qui nous attendait. La tempête redoublait toujours lorsque, tout à coup, nous entendîmes un
coup de vent terrible casser notre mât de beau-
pré et emporter nos trois premières voiles. La
proue du navire plongeant dans la mer, on
n'eut que le temps de couper les cordages à
coups de hache, et notre capitaine s'écriant
en ce moment: « O malheur! » nous crûmes
tous que nous allions être engloutis; chacun ne songeait plus qu'à recommander son
àme à Dieu.

Quant à moi, je l'avoue, le sacrifice de

ma vie était fait, et je croyais n'avoir plus qu'un instant à vivre. J'étais déjà plus qu'à moitié mort, car je n'avais plus la force de sentir ni douleur ni crainte ; cependant j'entendis encore le capitaine ordonner qu'on fît aller toutes les pompes, et tout le monde se mit à l'ouvrage. Je pompai aussi une demi-heure ; mais fatigué et voyant que cela n'aidait à rien, je me dis : « Puisque le danger croît toujours, à quoi sert de prendre tant de peine pour retarder sa fin peut-être une couple d'heures ? » J'allai me jeter sur le lit du cuisinier dans la cahute et je m'attendais si certainement à périr que plusieurs fois je tâtai mes jambes pour voir si l'eau arrivait déjà. J'étais même impatient de voir que cela tardait si longtemps, lorsqu'un coup de vent terrible frappa le vaisseau et renversa avec tant de violence des tonneaux de pommes de reinette et de poires qui étaient sur le pont du navire que ces tonneaux se défoncèrent et que j'entendis pommes et poires rouler près de mon lit. J'étendis la main sans ouvrir les yeux, et j'en attrapai plusieurs que je voulus encore manger avant de mourir, et je puis assurer que jamais je n'en avais mangé qui m'eussent paru aussi bonnes. Qu'est-ce que l'homme? Une véritable machine animée, et ce qui me le prouve encore davantage, c'est que je puis affirmer sur mon âme que, dans ce moment si critique, je ne pensais ni à Dieu, ni à ma femme, ni à mes enfants, ni à moi-même, que j'étais aussi insensible à tout qu'un morceau de bois, excepté au goût des pommes qui flattait encore mon palais. Cela m'a fait penser mille fois que, si les approches de la mort ne sont pas plus terribles, on n'a pas besoin de tant en avoir peur.

J'étais toujours dans le même état d'apathie, lorsque tout à coup j'entendis la voix de M. de la Garde s'écrier : « Nous sommes sauvés ! »

Je me rappelle que je répondis à cette

parole rassurante par une exclamation bien singulière en un pareil moment : « Diable ! » m'écriai-je. Et ce mot peut donner au lecteur une bien mauvaise idée de moi. Pourquoi ne pas plutôt remercier Dieu? dira-t-il ; je ne sais : mais je ne l'ai pas fait, et je ne veux pas mentir. Je dirai, pour ma justification, que ce cri sortit machinalement, et c'est la vérité. Je laisse aux casuistes à juger ce cas de conscience, si c'en est un, et j'ajouterai seulement que la mienne ne fut jamais troublée à cet égard.

Après avoir entendu M. de la Garde, je sortis de mon abrutissement et je me trouvai comme un homme qui s'éveille à la suite d'un sommeil léthargique. Charmé cependant de vivre encore, je me livrai à la joie avec tous les autres, en remerciant alors la Providence de m'avoir fait échapper à un péril aussi imminent, et en formant la résolution de ne jamais me rembarquer de ma vie ; mais je n'ai pas tenu ma résolution, car j'ai encore fait deux voyages par la suite sur la mer Baltique.

La nuit était déjà fort avancée, et au fur et à mesure que le jour commençait à paraître, la tempête semblait vouloir s'apaiser. Elle s'apaisa en effet, mais le vent demeurait toujours contraire; cependant, vers les 10 heures, il devint assez bon. On répara dans la journée, autant qu'il fut possible, les dommages occasionnés par la tempête. Dans la nuit, le vent redevint tout à fait favorable et se soutint de même jusqu'au 29, jour où nous aperçûmes la terre pour la première fois ; mais, avant d'arriver au port, un nouvel incident nous était encore réservé pour couronner l'œuvre.

Nous n'étions plus qu'à une lieue du port et chacun faisait éclater sa joie, lorsque tout à coup nous vîmes venir à nous, à force de rames et voiles déployées, une petite chaloupe. C'était le pilote chargé de faire entrer dans le port tous les vaisseaux qui se présentent, qui venait en toute hâte pour nous prévenir qu'il fallait sur-le-champ faire vent contraire et nous remettre en pleine mer, parce que nous avions manqué le canal. Cette fausse manœuvre rendait de nouveau notre situation infiniment critique. A cette nouvelle, chacun fut replongé dans la tristesse; mais il n'y avait pas à délibérer; il fallait absolument retourner pour pouvoir entrer dans le port.

La journée se passa fort tristement, quand nous vîmes que nous nous éloignions encore une fois du port du salut : c'est ainsi que j'appelais Riga. Cependant, le lendemain, l'instant désiré arriva. C'était le mardi 2 décembre, trois semaines et un jour après notre embarquement; nous entrâmes dans la Duna, ou pour mieux dire dans le port de Bolderaa et à 2 heures après midi nous descendîmes à terre, après avoir essuyé dix-sept tempêtes dans toute la traversée et fait plus de douze cents lieues sur mer au lieu de trois

cents. On peut s'imaginer la joie que nous
eûmes en nous sentant sur la terre. Je la
sens encore, mais ne puis la décrire. Je
dirai seulement que, vingt-quatre heures
après, je me croyais encore chancelant dans
le vaisseau. Chacun de nous s'embrassait, les
larmes aux yeux. Nous soupâmes et couchâmes tous à Bolderaa, et le lendemain
nous nous rendîmes à Riga.

Arrivé là, un autre événement imprévu
nous attendait encore, M. de la Garde et
moi. Nous fûmes conduits tous deux chez le
gouverneur général comte de Pahlen, à qui
nous exhibâmes nos passeports. Lorsque le
tout fut examiné, ce gouverneur nous dit
qu'il nous était impossible d'aller à Saint-
Pétersbourg sans auparavant en avoir obtenu la permission de l'Impératrice elle-
même en passant par l'intermédiaire du comte
d'Esterhazy, ministre des Princes; ni passeports, ni certificats, ni lettres de recommandation ne pouvaient dispenser de cette for-

malité, et, en attendant, il fallait nous retirer à Mitau, frontière de la Russie. Chacun de nous voulut s'épuiser en raisonnements pour ne pas aller à Mitau, croyant que c'était quelque désert où on nous envoyait en exil; mais toutes nos observations furent inutiles; le gouverneur nous répondit qu'il ne pouvait enfreindre les ordres de sa souveraine, qu'ils étaient précis et qu'il fallait obéir dans les vingt-quatre heures.

Le délai était court, et je n'eus que le temps d'aller porter à M. Helmund, consul de Prusse, une lettre dont je m'étais chargé pour lui, la veille de notre départ de Lübeck.

CHAPITRE VII

Arrivée à Mitau. — Cordialité de M. Helmund. — En bas
de soie par 15 degrés de froid. — L'hospitalité russe.
— M. de Korff.—Les serfs en Courlande. — Je deviens
précepteur. — Agréable existence. — Amour pour la
Russie. — Une chasse malencontreuse. — Cruels
instincts de mon élève. — Difficultés de son éducation.
— Sa mort.

J'arrivai à Mitau le 6 décembre 1794;
mais, avant d'aller plus loin dans la conti-
nuation de mon journal, je dois expliquer
comment et de qui j'avais reçu cette lettre
dont j'ai parlé, puisqu'elle fut la source de
mon bonheur.

La veille de quitter Lübeck, un M. Spol,
de Metz, dont je connaissais parfaitement la
famille, vint dîner à l'hôtel du Lion-d'Or, où
nous étions logés. C'était la première fois
que je le voyais. Il apprit en causant avec
moi que j'allais m'embarquer pour Riga, et

il me pria de vouloir bien me charger d'une
lettre pour un M. Helmund, consul de Prusse
son gendre, qu'il avait été voir à Riga. J'acceptai cette lettre avec plaisir, et, avant de
quitter cette ville, je voulus remplir fidèlement ma commission. M. Helmund m'accueillit de la manière la plus gracieuse et
me fit plusieurs questions sur mes ressources et mes projets de séjour en Russie. Je
profitai de cette disposition à m'écouter pour
lui faire part de ma position et de l'ordre,
que je venais de recevoir du gouverneur
général et que je croyais rigoureux, de me
retirer à Mitau, où je n'avais ni connaissance, ni secours à espérer de personne.

Ce brave homme fut touché de ma situation. Il m'engagea à dîner et à passer chez
lui le reste de la journée; mais, malgré ses
instances, je m'y refusai, en lui disant in-
génument que ma toilette ne me permettait
pas de me trouver à table avec d'honnêtes
gens; en effet, on peut se figurer en quel

état devait être mon habillement après être resté trois semaines dans un vaisseau sans l'ôter de dessus mon dos; mais cette modestie ne me fit point de tort. « Puisque vous ne voulez pas dîner chez moi, vous ne me refuserez pourtant pas de vous charger d'une lettre pour Mitau, » me dit le consul. Je l'assurai que je la prendrais avec plaisir; il me la remit, et jamais je ne le revis depuis.

J'ignore ce que contenait cette lettre; mais elle était pour M. de Berner, son ami, le plus riche banquier de la ville et l'un des plus aimables hommes que j'aie connus. Le lendemain de notre arrivée, nous louâmes une chambre avec M. de la Garde dans une mauvaise auberge, tout près de M. de Berner, et nous n'étions pas sans inquiétude sur les suites de notre existence dans un pays où l'hiver est si froid, où la vie et les logements sont si chers. Je ne sais combien avait encore M. de la Garde, mais à moi il ne me

rۥstait absolument que deux écus, point de
manteau et seulement des bas de soie et des
souliers pour courir dans la neige. C'est dans
cet équipage que je voulais entreprendre le
voyage de Saint-Pétersbourg ! Ma position,
comme on voit, n'était pas brillante ; mais
plus le besoin est grand, dit-on, et plus le secours est proche. Je ne sais si cela est toujours vrai, mais au moins c'est ce que
j'ai éprouvé.

Le jour où j'allai chez M. de Berner, —
je m'en souviendrai toute ma vie, — je
voulus faire une petite toilette. Il faisait au
moins 16 degrés de froid, et, faute de bottes,
je me mis en bas de soie. Heureusement
qu'il n'y avait pas loin. J'avais les jambes
coupées. J'entre, je remets ma lettre... Oh !
le bon accueil ! Dès le jour même, M. de
Berner me fit la grâce de m'inviter à dîner
chez lui ; il ajouta mille offres de services et
l'assurance que mon couvert serait mis
tous les jours pour moi dans sa maison ;

et tout ceci n'est que le prélude du bonheur qui va enfin me venir après tant de malheurs et de souffrances.

Quelques jours après, M. le baron de Korff, de Brucken, homme noble et généreux, qui avait entendu parler de moi, vient un soir dans mon auberge, m'offre aussi sa maison, son amitié et ses services. « Mais, mon Dieu, me disais-je, après n'avoir rencontré presque partout que des cœurs durs et insensibles, suis-je donc arrivé dans le pays des dieux ? » Je ne pouvais réellement me figurer qu'il pût exister tant d'hospitalité dans le monde. Mon bonheur troublait mes sens ; je ne m'y fiais pas ; mais M. de Korff me parla avec tant de franchise et de bonté que j'acceptai ses offres avec reconnaissance ; son premier acte de générosité envers moi fut de me faire faire des habits, une douzaine de fort belles chemises et de me donner une superbe pelisse, meuble aussi précieux que nécessaire en Courlande.

Quelques jours après, comme il s'agissait
de partir avec lui pour son château de Brucken, j'allai faire mes adieux à M. de Berner.
A peine étais-je entré dans la maison de cet
ami qu'il m'offrit un rouleau de papier, dans
lequel étaient au moins huit louis en argent
blanc, en me disant qu'un inconnu l'avait fait
remettre à sa porte pour moi. Je ne voulais
pas le prendre sans connaître au moins la
personne à qui j'étais redevable d'une telle
générosité; mais j'eus beau insister en disant
que, si mon bienfaiteur se refusait à mes
remerciements, c'était détruire la moitié de
sa belle action, puisque c'était m'interdire
le devoir sacré de la reconnaissance. Jamais
personne n'a voulu s'avouer mon bienfaiteur
dans cette circonstance. Cependant, malgré
ce silence, je crois que c'était encore M. le
baron de Korff ou M. de Berner lui-même,
car ce dernier était aussi un homme fort
généreux.

Me voilà donc bien vêtu et fort à mon aise;

il y avait longtemps que je ne m'étais vu avec autant d'argent. Si j'en avais eu seulement la sixième partie lorsque j'étais à Trèves, je n'aurais pas été si à plaindre. Tous les jours je voyais l'augmentation sensible de la bienveillance et de l'amitié de mon bienfaiteur. Nous revînmes à Mitau, et il me présenta dans la maison de S. Exc. M. le staroste de Korff, son père. C'était le plus bel homme de toute la Courlande. Il avait la figure et le port d'un roi. Toute l'Allemagne et l'Italie ont été témoins de sa magnificence. Ce seigneur daigna m'honorer de ses bontés à un tel point qu'il me fit plusieurs présents ; il me donna, entre autres, une paire de boucles d'argent qu'il avait portées lui-même et que je garde encore, après trente-quatre ans, comme un souvenir de sa part.

Je me trouvais tous les jours chez lui à dîner et à souper, au milieu d'un cercle aussi brillant que nombreux, avec des ministres, des cordons rouges et des crachats de toutes les

façons, et je laisse à penser si, en sortant
d'un état aussi malheureux et aussi désespéré
que celui dans lequel je m'étais trouvé, une
telle position ne devait pas me paraître un
rêve. Vingt fois dans mon sommeil je fis
des songes où il me semblait que j'étais encore dans la misère, sans asile, sans argent
et inquiet, comme en Hollande, sur ma sub-
sistance du lendemain ; mais il est certain
qu'avec le temps l'homme s'accoutume à tout,
au bien comme au mal. Il oublie tout : j'ou-
bliais patrie, famille, les prisons de Châlons
et même les tempêtes de la mer Baltique.
Cependant j'avais quelque chose sur le cœur
qui troublait ma jouissance : c'était de voir
que je ne tenais à rien, que je ne faisais rien
que de boire, manger, jouer au volant ou
aux échecs ; cet état me déplaisait ; j'aurais
voulu travailler : on va voir que ce désir fut
bientôt accompli.

Jusqu'alors j'ai donné une idée des bontés
de mon bienfaiteur ; mais comment peindre

celles de ma bienfaitrice, sa respectable épouse? Je n'ai point d'expressions pour cela et je me bornerai à dire qu'elle était à mes yeux la plus belle et la meilleure de toutes les femmes de la terre ; qu'elle avait un cœur tout aussi sensible et aussi bienfaisant que celui de son époux ; qu'elle avait beaucoup d'esprit et possédait l'art de la belle économie ; quoique élevée à la cour, elle était noble, sans fierté et d'une égalité de caractère telle qu'on n'en vit jamais; en un mot, c'était une femme accomplie.

Tout ce que voulait pour moi son mari était approuvé par elle avec de grands témoignages de bienveillance, et, lorsqu'ils partaient ensemble pour aller à Mitau passer quelques jours dans leur famille, je les accompagnais chaque fois dans les commencements. Mais comme j'ai toujours été un monsieur qui n'aime ni la gêne ni les cérémonies, et que là il fallait vivre en courtisan,—car la maison du staroste était comme une petite

cour,—souvent je préférais rester à Brucken ;
alors les ordres étaient donnés au cuisinier
et aux domestiques pour me servir pendant
l'absence des maîtres avec les mêmes attentions que s'ils avaient été présents ; tous
les matins on m'apportait mon café dans
ma chambre. Je vivais là entièrement
satisfait.

Combien peu d'émigrés étaient aussi heureux ! Ces bienfaits ne s'effaceront jamais de
mon souvenir ; il m'est bien doux d'en retracer ici l'histoire même après plus de trente
ans, car, en ce moment où je repasse les prin-
cipaux événements de ma vie, je constate
qu'il y a trente-quatre ans que je suis arrivé
en Courlande !

Tandis que j'étais à Brucken, plusieurs
places de gouverneur me furent offertes, une
entre autres par M. le chambellan de Grotthus, qui envoya exprès son bailly et qui
voulait me donner 800 francs de France, avec
la table, le logement, un domestique et un

équipage à mes ordres, suivant l'usage du
pays. De telles offres me paraissaient si avan-
tageuses que je ne croyais pas qu'il me fût
possible de les refuser. Alors je témoignai à
mes bienfaiteurs combien leurs procédés généreux m'avaient pénétré de reconnaissance
et je les priai de me permettre d'accepter cette
place, craignant, à la longue, d'abuser de
leurs bontés ; mais voici leur réponse, qui
me toucha jusqu'aux larmes : « Non, vous
ne sortirez pas encore de chez nous, parce
que nous craignons que vous ne soyez pas
assez heureux dans cette maison, où vous
auriez trop de devoirs à remplir avec trois
enfants. » Quant aux appointements, ils ajou-
taient que je devais être tranquille sur ce sujet, qu'ils me feraient toujours bien les mêmes avantages, et que leur maison me ver-
rait toujours avec le même plaisir. Confus
de tant de bontés, je les remerciai en les
assurant de ma soumission dans tout ce
qu'ils exigeraient de moi, et nous écrivîmes

ensemble à M. de Grotthus pour lui faire part de mon refus.

Mais pour achever de peindre la belle âme de mon bienfaiteur, il me reste encore quelques traits à raconter, quoiqu'ils soient étrangers à ma personne ; ils intéresseront certainement tous ceux qui me liront, mais, pour les expliquer, je suis obligé de faire une petite digression sur les lois du pays.

En Courlande, comme dans toute la Russie, tous les paysans sont serfs ; c'était ainsi, du moins, il y a trente ans. Il ne s'y trouve que deux classes d'hommes : les maîtres et les esclaves, excepté les habitants des villes, dont il n'est pas question ici. Le seigneur doit à son paysan la nourriture pendant toute sa vie ; il doit le faire traiter en temps de maladie et lui donner enfin tout ce que l'humanité ne peut refuser à un être humain ; mais combien de maîtres s'acquittent mal de ce devoir sacré ! En général, l'existence de ces malheureux serfs est assurée ; mais ni leur personne, ni leur travail ne leur appartiennent, et les maîtres sont tellement libres de disposer de l'un et de l'autre que l'on m'a formellement conté plusieurs exemples de troques de paysans contre des chiens ou des chevaux; mais j'abandonne ces troqueurs d'hommes pour ne parler que de l'humanité de mon bienfaiteur à l'égard de ses paysans, sur qui les lois lui avaient donné les mêmes droits.

Je l'ai vu, au milieu de ses paysans, tendre comme un père pour ses enfants, leur préparer et distribuer de ses mains tous les soulagements dont ils avaient besoin. Il en est parmi ces hommes, encore plus que 'dans toute autre classe, dont la conduite exige souvent des punitions; eh bien, lorsqu'ils venaient implorer sa clémence et lui demander pardon, je l'ai vu se contraindre et faire des efforts pour résister ; mais son cœur à l'instant lui reprochait sa sévérité. Il ne pouvait plus supporter l'idée de faire un malheureux ;

il fallait qu'il lui pardonnât, et son cœur à
l'instant était soulagé : il n'avait pas la force
de les faire battre. Aussi les paysans l'ado-
raient. et, s'il se trouvait parmi ses domestiques des mauvais sujets à qui il n'était pas
possible de faire grâce, il ne se résignait pas
à les punir plus rigoureusement qu'en leur
donnant la liberté et en les chassant de sa
maison. J'en ai vu se jeter à ses genoux
pour lui demander en grâce de les conserver
dans leur esclavage.

Des personnes diront peut-être qu'il y
avait de l'ostentation dans sa conduite à vouloir montrer tant d'humanité et de générosité;
mais non, il ne suivait que la simple impul-
sion de son cœur ; malheureusement, il est
mort aujourd'hui, ainsi que sa digne épouse,
et je pourrais me dispenser de parler d'eux
comme je le fais ; mais s'ils eussent vécu et
qu'ils m'eussent entendu, j'aurais certainement offensé leur modestie à tous les deux
en voulant préconiser leurs belles actions.

J'avais donc déjà passé plusieurs mois dans l'asile de mon bienfaiteur, sans m'apercevoir de la rapidité avec laquelle le temps s'écoulait, lorsque je reçus la lettre ci-après de ma bienfaitrice, qui, pour le moment, était à Mitau.

« Monsieur,

« Désirant pouvoir vous témoigner tout l'intérêt que je prends à vous, peut-être que les propositions que je suis chargée de vous faire en seront une preuve sérieuse. Mme de F..., qui a sa terre près de Mitau, désirerait trouver quelqu'un qui veuille se charger de l'éducation de son fils. Elle ne demande pas d'autres soins pour le moment que ceux de lui apprendre à lire et à écrire, et pour que l'enfant apprenne couramment à parler français. — Comme vous êtes étranger, Monsieur, vous ne serez peut-être pas fâché que je vous dise en peu de mots que Mme de F... est très aimée, que c'est une femme charmante, très tendre, et qui sera certainement reconnaissante des soins que l'on prendra pour son enfant. Elle désire se faire connaître de vous, parce que c'est une femme vraie; mais une chose qu'elle ne supporterait pas est si l'on brusquait son enfant, et elle se réserve le droit de le punir elle-même en cas qu'il le mérite. Tout ceci sont de petites faiblesses ; mais vous êtes père et vous seriez vous-même le premier à trouver dur de voir punir votre enfant par des mains étrangères. Si vous croyez, Monsieur, que cette place puisse vous convenir, ayez la complaisance de me le marquer par écrit, et c'est alors que je pourrai vous dire pour quand on désire que vous entriez dans la maison.

« Par rapport à l'engagement, Mme de F... croit vous faire plaisir en contractant par moi, jusqu'à ce que vous ayez appris à vous connaître mutuellement. Vous aurez tout franc chez elle, la table, le logement, etc., etc., et elle vous offre par mois cinq ducats, ce qui fait à peu près sept ou huit cents livres de France. J'attends votre réponse par la première occasion qui se présentera ; mon mari vous fait ses compliments. Quant à moi, je me réjouirai si vous voulez vous convaincre de l'attachement vrai que je vous porte. C'est dans ces sentiments que j'ai l'honneur d'être,

Monsieur, votre, etc.

Baronne de Korff.

« A Mitau, le 18 mars 1795. »

Le lendemain ou le surlendemain de la réception de cette lettre, ma bienfaitrice étant arrivée à Brucken pour y passer deux jours avec le colonel baron de Korf, son beau-frère, et m'ayant répété de bouche tout ce que contient sa lettre, voici la réponse de ma part dont elle s'est chargée pour Mme de F... :

« Madame,

« J'ai appris par une lettre que m'a fait l'honneur de m'écrire Mme la Baronne de

Korff, ma bienfaitrice, que vous aviez daigné jeter les yeux sur moi pour l'éducation de monsieur votre fils. Je ne crois pas pouvoir répondre en ce moment plus dignement à votre confiance, Madame, qu'en acceptant toutes les propositions, telles que vous m'avez fait l'honneur de me les offrir. Comme j'aurai toujours à cœur de remplir mes devoirs, mon intention est de ne jamais m'en imposer d'insupportables, et loin que ceux que vous exigez au sujet de l'instruction de votre fils me paraissent au-dessus de mes forces, je crois même pouvoir vous assurer, Madame, sans chercher à faire mon éloge, que je pourrai encore en ajouter d'autres qui ne vous seront pas moins agréables et qui, si le malheur voulait, chose que je suis bien éloigné de penser, que mes soins n'eussent pas autant de succès que je désire, vous n'auriez jamais lieu de l'attribuer à mon zèle, ni au manque de douceur qu'il convient d'avoir dans les circonstances.

« Ayez donc la bonté, Madame, de transmettre vos dernières intentions à mon égard à Mme la baronne de Korff, et d'assurer d'avance monsieur votre fils de tout l'attachement que je lui voue et d'être persuadée du plaisir que j'aurais de pouvoir vous convaincre en personne du profond respect avec lequel j'ai l'honneur d'être,

« Madame, votre, etc.

« Du château de Brucken, le 25 mars 1795. »

Me voilà donc décidément résolu de rester en Courlande et de ne plus penser à aller à Saint-Pétersbourg. Comment, en effet, abandonner un pays où je me trouvais si heureux, pour aller peut-être en vain chercher fortune ailleurs?

M. de la Garde était parti sans que nous nous fussions revus, et j'ai appris, un an après, que le pauvre jeune homme était mort dans les petites maisons. Cela me fit beaucoup de peine, car c'était un officier de beaucoup d'esprit et de talent, qui aurait pu faire une grande fortune à Pétersbourg ; mais malheureusement il était d'un caractère extrêmement irritable ; c'était un vrai fanatique royaliste, et, quand on disputait avec lui sur la Révolution, il entrait dans une fureur que rien ne pouvait calmer. Celui-là est mort victime de son amour pour la royauté.

Enfin, j'entrai chez Mme de F..., et je vis que ma bienfaitrice avait dit la vérité. C'était une femme charmante et bien digne d'être aimée de tout le monde pour son honnêteté et sa douceur. Elle était grande, d'une blancheur éblouissante et d'un port de reine ; mais ses qualités extérieures n'étaient rien en comparaison de celles de son cœur, et, dans une maladie que je fis peu après mon entrée chez elle, elle eut toutes les attentions et les bontés d'une mère pour moi.

Quant à mon élève, c'était le plus bel enfant qu'il fût possible de voir, blanc comme la neige, mignon, mais vif et spirituel ; je disais souvent à Mme de F... qu'il ressemblait au petit Dauphin, que j'avais tant admiré à la portière de la voiture du Roi, lorsqu'il fut reconduit de Varennes à Paris; et cela était vrai.

Cet enfant ne savait pas un mot de français; et moi pas un mot d'allemand; mais il semblait comprendre tout ce que je lui disais et je m'attachai singulièrement à lui; mais, comme j'en parlerai plus tard, je veux faire connaître d'abord les personnes qui composaient la maison et la famille de Mme de F..., avec laquelle je vivais.

Je ne parle que de Mme de F..., parce que son mari était comme un étranger pour moi dans sa maison. Il ne se mêlait point de son fils; il ne m'a jamais demandé comment l'enfant apprenait, et je ne dépendais absolument que de Madame.

M. de F... avait épousé en premières noces une femme très riche et avait mené une vie de grand seigneur. Il n'allait jamais qu'en carrosse à six chevaux, avec un coureur en avant et des laquais derrière la voiture; mais il était temps que les parents de la femme y missent ordre, car il aurait dissipé toute sa fortune. Ce M. de F... vit encore au moment où j'écris; mais il n'est plus que l'ombre, et moins encore, de ce qu'il a été. Il est abruti et finira misérablement : voilà où mène l'inconduite.

Dans le temps que j'entrai chez lui, c'était un homme de beaucoup d'esprit naturel, et tout le pays parle encore de ses facéties. Il avait si peu appris dans sa jeunesse qu'à peine savait-il écrire; mais il était généreux jusqu'à la prodigalité, et un trait qui me regarde et que je vais raconter en est la preuve.

Quelques semaines après mon arrivée chez lui, étant à la veille de partir pour les bains de mer, il fit amener sous mes fenêtres un cheval superbe, avec une selle et une bride plaquées d'argent. Mon élève entre chez moi

pour me prier de voir ce cheval et me demande comment je le trouve. « Superbe ! »
répondis-je. En effet il était du poil que
j'aime, gris pommelé. « Eh bien ! me dit-il,
mon papa vous en fait présent. » Je me mis
à rire et je refusai. Qu'avais-je besoin d'un
cheval ? Mais il fallut absolument le prendre,
et le lendemain je me trouvai sur mon cheval
comme un grand seigneur ; j'avais peine à
gagner sur moi-même de croire qu'il m'appartenait.

Quelque temps après, ce pauvre cheval
eut un pied malade, et je le vendis pour 40
ou 50 thalers ; mais je m'étais beaucoup
promené sur son dos une partie de l'été. Le
grand-papa de mon élève me donna une autre monture, mais qui n'était pas si belle.

L'hiver venu, ce même grand-papa désira
me voir chez lui avec son petit-fils ; nous
partîmes tous deux dans un grand traîneau
couvert, rempli de lits et d'oreillers. Je
n'étais pas encore accoutumé à ces équi-

pages, et, en montant assez maladroitement, mon pantalon s'accrocha; je le déchirai presque depuis le haut jusqu'en bas. Le grand-papa rit beaucoup de ma mésaventure; moi, je n'en riais pas, mais le lendemain matin mon élève entre dans ma chambre avec le pan de son petit habit rempli d'écus, en me disant que son grand-père m'envoyait cela pour racheter une culotte. Il y avait de quoi en ravoir six. Voilà comme étaient ces MM. de F... Le bonheur semblait donc me tomber des nues, et, en comparant ce tableau de ma position d'alors avec celui des maux et de la misère que j'avais essuyés en Allemagne et en Hollande, où je n'avais rencontré par-ci par-là que quelques honnêtes gens, je demande si je ne devais pas regarder la Russie comme un paradis pour moi. Aussi l'ai-je toujours aimé, ce pays; j'ai toujours fait des vœux pour lui, et je montrai bien ces sentiments, surtout lorsque mes chers compatriotes vinrent y apporter la guerre et la destruction. Que les autres se targuent comme ils voudront de l'amour de leur patrie, qu'ils fassent comme ce fou de Français qui ne voulut pas voir un bâton de maréchal de France à Saint-Pétersbourg parmi les trophées des Russes, comme si son propre honneur y était attaché ! Pour moi, ce ne sont pas les murailles, ni les bâtons de maréchaux, qui font ma patrie. C'est le pays où je vis heureux, et la Courlande est devenue la mienne, ainsi que la Russie. Ce sont ces pays qui m'ont réconcilié avec le genre humain, et je les aimerai toujours plus que la France, puisque la reconnaissance doit être le premier devoir de chaque honnête homme ; mais je reviens à Mme de F...

Cette dame avait avec elle une sœur appelée Mlle Julie, une fort jolie demoiselle, très aimable, jeune et fraîche comme une rose ; lorsqu'elle était à cheval vêtue à l'amazone, un chapeau de bergère avec des panaches sur la tête, on l'aurait prise pour

Diane ou quelque autre divinité champêtre, tant elle était brillante ; je la suivais avec grand plaisir, et je ne pouvais me lasser d'admirer une aussi belle personne. M. de F..., qui n'était pas un modèle de vertu conjugale, semblait l'aimer bien autant que sa femme ; mais celle-ci n'en paraissait point jalouse, ni moins heureuse et avait pour son mari une tendresse qui m'étonnait quelquefois.

La plus grande partie du temps, nous étions à Bercken, chez le vieux Buttler père de Mme de F..., où se trouvait toujours une grande quantité de monde. Là, il m'est arrivé une aventure qui aurait pu me devenir bien funeste ; mais avant de la raconter il faut en connaître toutes les circonstances.

Le vieux Buttler était un homme d'une haute taille, portait la tête levée d'un air fier et parlait d'un ton vraiment despotique. Tous ses enfants et tous ses gens tremblaient devant lui. C'était absolument la contre-image de M. de Korff, car il était aussi dur

que l'autre était doux. Je l'ai vu faire courir
après de malheureux paysans et les faire
battre de verges pour avoir pris quelques
prunes de son jardin, où il y en avait tant
cette année qu'il les faisait ramasser pour les
donner à ses cochons. Malgré cela, la vie
qu'on menait dans sa maison était très agréable. On y trouvait excellente cuisine et bons
vins ; mais ce qui me fâchait, c'est qu'on
était obligé de rester tous les jours à table
pendant deux heures. Bonaparte avait plus
tôt fait de dîner. Au dessert, il faisait souvent apporter tout nus les petits enfants de
Mme de F..., les mettait sur la table et les
laissait rouler au milieu des bouteilles et
des assiettes ; cela l'amusait beaucoup.

Ce vieux Buttler avait une place très importante chez le duc. Il était, je crois, l'ad-
ministrateur général de toutes ses grandes
possessions, et, en cette qualité, il rendait
malheureux, m'a-t-on dit, beaucoup de gens
qui avaient affaire à lui. Il aimait la pompe

et le luxe. Ses écuries étaient remplies de
superbes chevaux, et il avait un train de
chasse comme le plus grand seigneur, avec
des lévriers et d'autres chiens sans nombre
de toute beauté, des piqueurs, des chasseurs,
des écuyers; en un mot, c'était une maison
grandement montée. Il faisait une grande
dépense pour ses chevaux et ses chiens, mais
pas pour l'éducation de ses nombreux enfants,
car aucun ne savait même écrire, chose
que savent souvent de simples domestiques.
Son plus grand plaisir était la chasse. Alors
il était comme un général à la tête de son
armée, et moi-même, comme malgré moi,
je devins chez lui un chasseur déterminé.
Jamais, en France, je n'avais tiré vingt coups
de fusil, et je ne voulais pas tout d'abord me
joindre à lui ; mais on venait m'arracher de
ma chambre près de mon élève, et bientôt
cet exercice eut tant d'attrait pour moi que
je ne faisais que rêver chien et chasse, et je
devins même un fort habile tireur, car

je ne descendais plus de cheval pour tirer
un lièvre, et rarement je manquais mon
coup. Le vieux Buttler était enchanté de
mes exploits et m'en faisait des compliments;
mais voici qui acheva de me grandir à ses
yeux. Un jour que lui, M. de F... et plusieurs
chasseurs s'amusaient à tirer des hirondelles
sur le pont près de la maison de Bercken,
aucun d'eux ne pouvait en attraper une. At-
tiré par les détonations, j'allai voir ce que
c'était; le vieux Buttler me fait donner un
fusil; je tire à tout hasard sans même viser,
l'hirondelle tombe à mes pieds et le vieux
proclama mon triomphe.

Or, quelques jours après, il y eut une grande
chasse; nous étions dans une plaine immense. Depuis un quart d'heure je voyais
la meute courir après un vieux lièvre sans
pouvoir l'attraper; personne ne tirait dessus
et j'en étais étonné, mais c'était une règle
de ce genre de chasse, règle que j'ignorais
alors. J'étais fort impatient lorsque je vis le

lièvre accourir vers moi ; pour en finir, je le
tire de dessus mon cheval et je le tue presque à la tête des chiens, sans en blesser aucun. Aussitôt je vois accourir sur moi au
galop le vieux Buttler, la canne levée pour
m'en frapper. J'avais un fusil à deux coups.
Il était furieux, et moi aussi. Je lui criai en
le mettant en joue : « Monsieur, si vous me
frappez, je vous tue. » Et certainement je
l'aurais fait dans la chaleur de mon empor-
tement. Il recula ; tous les chasseurs, avec
un de ses fils, accoururent autour de nous.
Moi, comme un fou, je courus à mon lièvre,
que les chiens déchiraient ; je le leur arrachai
de la gueule et j'attachai les lambeaux à la
selle de mon cheval. Puis je remontai et vins
raconter cette triste aventure à Mme de F...,
en la suppliant de faire atteler une voiture,
de me faire conduire à Mitau, et en jurant
que je ne pouvais plus rester dans sa maison après un pareil scandale.

Mme de F... pleura beaucoup, refusa de me

laisser partir, me disant, ainsi que Mlle Julie, qu'elles voulaient parler à leur père. Je ne sais ce qu'elles ont pu lui dire, mais on me dit à moi qu'un gouverneur ne quittait pas son élève comme un domestique, qu'il fallait que j'attendisse qu'on en eût un autre ; je restai tranquille, mais je n'allai plus à la chasse. Lorsque je revis le vieux Buttler, il fut calme et ne me dit rien ; mais jamais il ne me pardonna de lui avoir fait peur ; en voici la preuve.

Je n'étais obligé de donner des leçons qu'à mon élève ; mais il avait un frère, nommé Jules, que le grand-père avait adopté, et comme nous étions la moitié du temps à Bercken, il m'avait fait prier de lui donner aussi mes soins, en me promettant de me payer en particulier. Je lui avais déjà donné des leçons cinq ou six mois ; il me devait environ trente thalers ; mais il n'a jamais voulu me payer, et l'on verra plus bas de quelle manière je me suis vengé de cette vilenie.

Cette anecdote à part, je fus constamment heureux chez Mme de F... Mon élève apprenait bien, et on était content de moi; mais cet enfant n'a pas vécu longtemps. Peut-être cette mort fut-elle un bonheur pour lui et pour les autres; car, tout petit qu'il était, il montrait une tendance vers le mal et la dureté, comme le prouvèrent les traits suivants.

Dans le commencement que j'étais là, son père avait pris l'habitude, lorsqu'il faisait donner des coups à ses paysans, de faire faire cette exécution presque sous mes fenêtres. Le petit, qui voyait cela, trépignait des pieds et des mains et sautait de joie à chaque coup que l'on donnait à ces malheureux, qui poussaient des cris horribles. Cela me révoltait, et je fis dire à M. de F... que, si cela arrivait encore une seule fois sous mes fenêtres, je sortirais sur-le-champ de chez lui, parce qu'un Français n'était pas accoutumé à un tel spectacle. Aussi depuis

ce moment choisit-il un autre lieu d'exécution.

Voilà comme beaucoup d'enfants s'accou-
tument à la dureté, et celui-ci ne faisait que
parler des grandes terres de N... et autres
dont il serait un jour le maître pour avoir le
plaisir de faire battre les gens. Un jour que
j'étais couché avec un mal de tête affreux,
il vint dans ma chambre avec un fouet et
des cordes, attacha toutes mes chaises l'une
après l'autre pour s'en faire une voiture et
des chevaux et fit un bruit si terrible que
je ne pouvais plus y tenir. Je le priai de cesser, sans quoi je le ferais sortir ; mais ce
bambin me répondit que je n'oserais, parce
que son père me ferait donner cinquante
coups de kantschuk. A ces mots, je saute en
bas du lit, tant j'étais révolté, je pris une
verge et lui dis : « Fort bien, mais auparavant tu auras le fouet. » Je le lui donnai et le
renvoyai chez son père ; mais celui-ci ni
Mme de F... ne m'en dirent jamais un seul mot.

Encore un trait de cet enfant, pour achever de le peindre ; l'on me pardonnera si je ne puis employer de couleurs moins crues. Souvent il ne voulait point travailler et demandait alors à aller à l'appartement, où il restait des demi-heures entières. Cela pouvait lui faire mal, et je le dis à la mère. Alors elle me dit que, avant de l'envoyer chez moi, elle lui ferait prendre toutes les précautions nécessaires, et elle me pria de ne plus lui permettre de s'absenter une seule fois. Le lendemain matin, mon élève arrive, et un quart d'heure après il veut aller à l'appartement. Je lui dis que sa maman l'avait défendu et que je ne lui permettrais pas d'y aller. « Eh bien, me dit-il, si vous ne me le permettez pas, je ferai dans ma culotte auprès de vous. — Faites, lui dis-je, si vous voulez, mais vous n'irez pas. » Jamais je n'aurais cru un enfant capable de cette résolution ; mais, aussitôt dit aussitôt fait, et la preuve s'en fit sentir mieux que je n'aurais voulu.

Alors je pris mon élève par le bras et le conduisis chez la mère. Sa marche était un peu pesante et embarrassée. Il ne voulait point marcher, mais il le fallut bien malgré sa résistance. Il serrait les cuisses et ses petites jambes tournaient comme un vilebrequin. Il était si comique que j'aurais voulu éclater de rire ; enfin je le remis tel qu'il était à madame sa mère, qui le fit porter et laver dans la cuisine et, pour sécher la partie coupable, lui donna de la verge comme il faut. Je laisse à penser ce qu'aurait pu devenir un tel enfant. Bon, cela est possible ; mais il y avait plus à craindre qu'à espérer.

Quoi qu'il en soit, je restai près de deux ans chez Mme de F..., où je fus constamment heureux, et le 1er janvier 1798 j'entrai dans la maison du comte de Medern d'Altautz. Mais avant de commencer le récit des événements qui me sont arrivés dans cette maison, je finirai avec celle de Mme de F... en racontant le présent qu'a voulu me faire le

vieux Buttler, et que j'ai refusé aussi géné-
reusement qu'il me fut offert.

Probablement sa conscience lui reprochait
un peu de ne m'avoir point payé les leçons
de Jules. Un jour que j'étais à Mitau avec
le comte, mon perruquier me dit, le matin,
que je recevrais un présent. Je lui demandai
où il avait appris cela, et il me dit que,
étant dans une boutique, il y avait rencontré la vieille dame de Buttler avec son
petit-fils, que cette dame avait acheté une
tabatière qui coûtait trois écus, et que, ayant
entendu prononcer mon nom, il avait prêté
l'oreille à ce que la dame disait à son petit-
fils; elle lui avait recommandé, en cas que
je lui demandasse le prix de la tabatière,
de me répondre qu'elle coûtait 10 thalers.
« Bien, lui dis-je, cela est bon à savoir. »
Mais la vieille Buttler me croyait plus bête
que je ne suis; je me connaissais aussi bien
qu'elle en tabatières. Enfin, deux heures
après, je vis le petit Jules entrer dans ma

chambre et me présenter son cadeau. Je lui
fis beaucoup de caresses et m'informai de la
santé de son grand-père et sa grand'maman.
Ils se portaient fort bien ; j'en fus enchanté ;
il me dit que son grand-papa me priait de
recevoir cette tabatière comme un témoignage
de sa reconnaissance. Je lui demandai tout
bonnement combien elle coûtait, et il me
répondit : « Dix thalers. » Alors je lui répondis : « Remettez cette tabatière à votre
bon grand-papa, mon cher ami, et dites-lui
que je n'ai pas besoin de ce souvenir pour
ne l'oublier jamais. » L'enfant reprit la tabatière, et depuis cet instant je n'ai plus
entendu parler du grand-père, sinon pour
apprendre qu'il était mort et qu'il avait
laissé de si mauvaises affaires que Bercken
passa entre les mains de ses créanciers ;
tous les enfants se dispersèrent sans avoir
recueilli grand'chose de la succession. Voilà
une triste fin pour un homme si fier et si or-
gueilleux de son pouvoir et de ses richesses.

CHAPITRE VIII

Maintenant je reviens à Altautz. Le comte de Medern, par ses richesses, ses alliances et ses charges dans le gouvernement, était le premier seigneur de toute la Courlande. Il avait épousé une femme qui lui avait apporté quatre ou cinq cent mille livres en dot. Sa sœur était duchesse de Courlande, princesse connue dans toute l'Europe par sa magnificence et son amabilité. Pour moi j'étais au comble de toutes mes espérances. Une place honorable, des appointements de cent ducats par an et la promesse d'une gratifi-

cation de cinq cents ducats après l'éducation
des trois premières comtesses, que pouvais-
je désirer de plus? Mon sort était donc plus
digne d'envie que celui de tous les ennemis
qui avaient voulu me perdre, et je pouvais
dire, comme un certain philosophe, que
j'aurais été perdu si je n'avais été perdu.

Nous menions à Altautz deux espèces de
vie : la vie d'été à la campagne, et la vie d'hiver
en ville, et toutes les deux fort agréables.
La chasse était presque nulle à Altautz ; mais
le comte aimait beaucoup les promenades à
cheval. Nous étions plusieurs du même âge
dans la maison : un gouverneur allemand
et un secrétaire, jeunes gens fort aimables ;
nous avions chacun nos propres chevaux,
beaucoup de temps de reste pour notre plaisir, et nous en profitions tous les jours pour
aller tantôt chez un pasteur, tantôt chez un
médecin, tantôt chez d'autres personnes à
plusieurs lieues dans le voisinage ; partout
nous étions les bienvenus, parce que nous

appartenions à la maison du comte. Très souvent ce dernier nous accompagnait.

Le comte aimait aussi à varier son séjour et à passer plusieurs mois dans sa terre de Remten. Lorsque nous allions là, c'était toujours une espèce de fête de dîner chez le comte de Kaiserling, qui avait vécu longtemps à Paris avec les beaux esprits, tels que Voltaire et Diderot, et qui, à cause de cela, aimait beaucoup les Français. Ce vieux comte m'a toujours fait beaucoup d'amitié, et j'aimais à le voir arriver à Remten, parce que nous étions sûrs d'avoir un dîner recherché, car il aimait aussi beaucoup la cuisine française.

Maintenant je veux parler aussi un peu de Mme la comtesse. C'était une petite femme maigre, mais d'une vivacité singulière. On dit que toutes les femmes sont vaines, coquettes et aiment la parure; mais celle-là était une exception. Sa toilette était tout ce qu'il y avait de plus simple, et elle avait de l'aversion pour la parure. Ses cheveux étaient coupés en rond comme ceux d'un jockey et elle allait toujours tête nue, en ville comme à la campagne. Son nom de comtesse de Medern, née comtesse de Brown, et ses richesses semblaient la dispenser de l'étiquette. Dans le ménage, elle était extrêmement économe ; jamais personne n'était plus exacte qu'elle à payer tout le monde, et elle faisait du bien, surtout à la jeunesse. Son père, le comte de Brown, Irlandais de naissance et gouverneur général de Riga, avait amassé des richesses immenses sous l'impératrice Catherine II. Ses mœurs, dit-on, étaient, comme celles des anciens militaires, un peu rudes et Mme la comtesse tenait beaucoup de monsieur son père de ce côté. Elle avait grand'peur du tonnerre, mais ni la pluie ni la boue ne lui faisaient rien. Je l'ai vue souvent de ma fenêtre, lorsqu'elle envoyait à Mitau, sortir de la maison tête nue par un temps terrible avec un havresac sur son dos et courir à l'écurie, qui était très éloignée, pour remettre elle-même ses dépêches au messager afin de les faire partir plus vite. Un jour que nous étions à la promenade, comme nous arrivâmes près d'une petite rivière où il fallait sauter d'une grosse pierre sur l'autre pour pouvoir passer, j'étais curieux de voir comment sauterait la comtesse ; mais elle ne fut point embarrassée ; elle ôta ses bas et ses souliers, entra dans l'eau jusqu'au mollet et se trouva de l'autre côté la première en se moquant de nous. Il est sûrement peu de femmes qui en auraient fait autant ; mais tel était le caractère de la comtesse, aussi prompte dans ses résolutions que dans l'exécution, et, si le bon Dieu l'avait fait naître homme, elle aurait pu devenir un grand général.

J'ai dit que la comtesse de Medern était très économe dans son ménage ; mais lorsqu'elle donnait des fêtes, surtout en ville, c'est alors qu'elle étalait tout son luxe. La vaisselle d'argent brillait sur la table, la bonne chère et les vins excellents y étaient en abondance, et, plus ses hôtes buvaient et mangeaient, plus elle était contente. J'ai vu de ces gourmands insatiables, après s'être rempli l'estomac et avoir bu en proportion, ne pas pouvoir se soutenir sur leurs jambes au sortir de table ; mais ce qui me plaisait le plus, c'étaient les repas qu'elle donnait dans le temps de la Saint-Jean à Mitau, lorsque nous avions un cuisinier français. C'est là que j'ai mangé les meilleurs mets de toute ma vie. On aurait voulu avoir faim même après s'être rassasié. Qu'on ne s'imagine pourtant pas, d'après ce que je viens de dire des repas de la comtesse, que c'était toujours fête chez elle. Au contraire, sa table ordinaire était servie très frugalement et cette frugalité était fort salutaire ; le plus sage est celui qui se contente de satisfaire les besoins de la nature sans rechercher la délicatesse ni l'abondance des mets.

Après la Saint-Jean, nous retournions à la campagne et nous allions d'une terre à l'autre, jusqu'à ce que l'hiver nous rappelât à Mitau. C'est ainsi que les années s'écoulaient rapidement pour moi. J'avais de l'argent et j'étais heureux, mais je ne pouvais pas écrire en France, et pourtant j'aurais voulu avoir des nouvelles de mon pays pour faire partager mon aisance à ma femme et à mes enfants. J'étais lié par le serment prêté à l'Impératrice, et je ne pouvais y manquer sans courir les risques d'être reconduit à la frontière. C'est ce que m'écrivait mon ami l'abbé Daniel qui était à Saint-Pétersbourg et de qui je recevais de temps en temps, ou plutôt d'année en année, des nouvelles. Toutes ses lettres sont si intéressantes pour moi, que je ne puis m'empêcher d'insérer ici des extraits de quelques-unes qui me sont restées. Voici ce que ce respectable ami m'écrivait le 6 juin 1798; nous avions été près de trois ans sans avoir pu nous donner de nos nouvelles :

« J'ai reçu le 28 mai, mon cher Thoury, votre lettre du 18 avril. »

Après m'avoir détaillé toutes les recherches qu'il avait faites à mon sujet à Saint-Pétersbourg, il ajoute :

« Enfin, mon ami, nous voilà retrouvés l'un pour l'autre, et j'espère bien que nous ne nous perdrons plus de vue et que nos relations ne finiront qu'avec nous ! — Vous me témoignez le désir d'avoir auprès de vous une femme que vous aimez et des enfants que vous chérissez. Je ne vois en cela rien que de bien naturel ; mais y avez-vous bien réfléchi ? Ne consultez-vous pas plus votre cœur que votre raison, etc., etc. ? D'ailleurs il court un bruit que la porte de la Russie va être fermée dorénavant à tous les Français ; il faut donc, avant toutes choses, s'assurer du fait. Outre cela, les intérêts de votre épouse, ou ceux de vos enfants, ne souffriraient-ils pas de leur émigration, si votre beau-père venait à mourir ?

En tout temps les absents ont tort, et surtout dans ce moment ; voilà, mon ami, les réflexions, que je crois devoir vous mettre sous les yeux, etc., etc. Puisse le bonheur vous accompagner toujours, mais il dépend souvent de nous, en modérant notre imagination. Je vous embrasse, etc. »

Plusieurs lettres après celle-ci se sont perdues, et je présume qu'elles étaient alors séquestrées, mais voici ce qu'il m'écrivait le 5 janvier 1801 :

« Il est plus que temps, mon cher Thoury, de répondre à votre lettre du siècle passé. Si j'ai tant tardé à le faire, ce n'est pas que je ne l'aie reçue avec plaisir. Elle a été d'autant mieux accueillie qu'elle était moins attendue. En effet, qui aurait pu penser qu'après deux ans d'intervalle vous eussiez pris cette peine ? Votre silence m'a été d'autant plus sensible, qu'il m'était impossible d'en deviner la raison. Tout ce que je sais, c'est que la dernière lettre que je vous écrivis était pour vous mander, etc. »

Il était un peu piqué.

« Mais revenons à votre dernière. Vous me demanderez peut-être pourquoi, puisque j'ai reçu votre lettre avec plaisir, j'ai tant tardé à vous donner signe de vie. Le voilà. Votre lettre m'est parvenue je ne sais comment, et votre ami qui l'a accompagnée d'une des siennes fort honnêtes a oublié de me donner son adresse, et les informations que j'ai prises n'ont pu me faire arriver jusqu'à lui. Voilà le fait ; mais un autre non moins certain, c'est que mes sentiments n'ont point varié, que j'ai appris avec le plus tendre intérêt que vous étiez toujours content de votre position et que je souhaite que le projet prochain de la consolider comme vous m'en avez fait part, se soit réalisé et je ne veux point en douter. Je vous souhaite bien sincèrement toute sorte de bonheur au commencement de cette année et pour toujours ; mais permettez-moi de vous rappeler qu'il

n'y a point de vrai bonheur en ce monde et
que rien n'arrive ici-bas que par l'ordre et la
permission de Dieu, etc., etc. Je me porte
passablement bien. Toutefois je ne sens pas
moins ce qu'a de dur ce climat, surtout pour un
homme de mon âge et de mes infirmités. Le
moindre mal qu'il me fasse est de me rendre
lourd et paresseux. Je ne sors que pour aller à l'église, et le reste du temps je suis avec
mes bambins : voilà ma vie. Il est grand
temps que cela finisse. Depuis quelques mois
j'ai fait connaissance avec M. Chedel, avec
lequel je me suis souvent entretenu de vous.
Il se charge de cette lettre bien volontiers
et m'a dit qu'il séjournerait à Mitau pour
avoir le plaisir de vous voir. Je souhaite
qu'il puisse vous être utile à Châlons ; il
le fera avec plaisir. Profitez de l'occasion,
adieu, etc. »

Je dois suspendre ici ma correspondance
pour dire que, quelques semaines après, je

vis arriver chez moi M. Chedel, qui me
remit la lettre de mon ami et qui retour-
nait à Châlons. Je ne puis exprimer le plaisir que j'eus de revoir cet aimable compatriote. J'aurais bien désiré être à sa place.
Il allait voir mes enfants, ma famille ; mais
il me fallait rester ; du moins je fis tout ce
qu'il m'était possible pour tâcher de me
faire aimer et désirer de mes enfants. Je
leur envoyai des médaillons avec mes cheveux, des bagues et des chaînes d'or, et je
fis présent à la tante d'une belle bague,
comme un souvenir de reconnaissance, disais-je dans ma lettre, des soins qu'elle avait
pris de mes enfants. M. Chedel fit faire tous
ces petits bijoux à Berlin, chez M. Runicke,
l'un des meilleurs orfèvres, et nul doute
qu'ils devaient être fort jolis. Je lui remis
aussi deux louis en or pour en donner un à
chacune de mes filles, et tout le monde crut
à Châlons qu'il fallait que je fusse devenu
un homme riche pour être aussi libéral ;

mais tous ces présents furent comme la pomme de discorde parmi cette famille.

Alors chacun voulut captiver mon amitié et ma confiance, et tous faisaient des efforts à qui me tromperait le mieux. On m'écrivit de Châlons pour me remercier et pour me témoigner la joie de m'avoir retrouvé ; l'on me disait que, si je ne recevais pas de lettre de ma femme, c'est parce qu'elle était à Stockholm pour ses affaires de commerce, mais que j'en recevrais incessamment des nouvelles. Cela m'étonna un peu de voir ma femme devenue commerçante, car je ne lui avais jamais connu aucun talent ni génie pour le commerce ; mais sur ces entrefaites la tante de Paris, Mme Vincent, vint à Châlons pour voir son père. On ne put lui cacher que j'étais retrouvé, ni s'empêcher de lui montrer les petits présents que j'avais envoyés ; mais c'est ma lettre qu'elle voulait voir et qu'on n'était pas curieux de lui montrer. Cependant il le fallut, et, lors-

qu'elle vit que la belle bague était pour elle,
qui avait pris soin de Victoire, elle la récla-
ma, puisqu'elle y, avait droit, ayant en effet
élevé l'enfant. La sœur ne voulut pas se
dessaisir du bijou et je m'imagine bien
quelle querelle cela a dû faire entre les
deux sœurs et le père Regnauld. Mme Vincent repartit pour Paris, voulant emmener
Victoire avec elle ; mais le père s'y opposa ;
aussitôt arrivée, elle me découvrit la mèche,
me dit au moins en grande partie la vérité,
car elle ne pouvait pas tout dire, et je vis
clairement que monsieur mon beau-père et
sa fille de Châlons n'avaient voulu que m'é-
blouir pour que je leur envoie de l'argent ;
il n'y avait que mauvaise foi et trahison de
leur part.

Mme Vincent m'écrivit que ma femme n'é-
tait nullement à Stockholm pour son commerce, qu'elle avait divorcé et s'était rema-
riée à un neveu du général Menou, qui avait
été guillotiné, et que ma femme, par suite

de son procès, avait été mise en prison à
Rouen ; qu'elle avait toujours gardé ma
fille Modeste avec elle, mais que c'était elle-
même, Mme Vincent, qui avait élevé Victoire
et qu'elle ne l'avait envoyée à Châlons que
parce qu'il était plus facile de l'y faire instruire qu'à Paris pour faire sa première
communion ; que lorsqu'elle avait annoncé
à son père son projet de lui envoyer ma
fille pour ce sujet, il n'en voulait pas ; mais
qu'elle la lui avait envoyée malgré lui, et
qu'il était sur le point de la lui renvoyer à
Paris, lorsqu'il reçut de mes nouvelles ;
qu'aujourd'hui enfin il n'avait pas voulu la
lui rendre.

« Quelle tendresse pour mon argent !
dis-je en moi-même ; mais tu n'en auras
pas. » Ma fille avait donc été jetée et reje-
tée comme une balle, et on peut s'imaginer quels furent mon désespoir et ma
fureur contre mon beau-père, contre ma
femme et sa sœur de Châlons, en apprenant

toutes ces nouvelles. Je ne sais ce que je
leur ai écrit à tous ; mais j'ordonnai au
vieux Regnauld de renvoyer sur-le-champ
Victoire à Paris, et je priai Mme Vincent
d'aller retirer Modeste d'auprès de sa mère
à Rouen et de placer mes deux enfants dans
une pension pour y être élevées ensemble.
Cela se fit ; mais que d'argent cela m'a coûté !
Jamais je n'ai rien regretté ni épargné pour
elles ; la suite le prouvera, ainsi que la manière dont j'ai été trompé indignement par
toute cette famille et par Mme Vincent elle-
même ; mais une chose que je ne puis concevoir, c'est que moi, qui garde toutes mes
lettres, je n'aie pas conservé un seul bout
de papier de tous ces gens-là, qui pût me
servir pour me guider dans mon travail.
Probablement que, dans mon indignation,
j'ai tout brûlé pour les effacer de ma mémoire.

Mais je laisse ici pour un instant mes enfants dans leur pension à Paris, afin de revenir à la correspondance de mon ami l'abbé

Daniel. Voici ce que m'écrivait cet ami, au mois de décembre 1801 :

« Ne jugez pas, mon ami, de mon attachement pour vous par mon exactitude à répondre à vos lettres. Je n'y trouverais point mon compte et vous seriez vous-même dans l'erreur. Vous me serez toujours cher ; puissé-je avoir les occasions de vous le prouver ! J'ai reçu votre lettre avec tout le plaisir possible. Tout ce que vous me dites de vous m'intéresse, et ce que vous m'assurez de vos sentiments me touche sensiblement. Mais comment se fait-il, me direz-vous, que je mette si peu d'empressement à vous répondre ? Avouons la dette. J'ai toujours été paresseux sur cet article. Je pourrais bien alléguer les occupations vétilleuses et désagréables que me donnent les deux bambins russes que je suis chargé d'instruire. Oh ! quelle tâche que celle de gouverner et d'instruire des marmots de cette nation ! Il faut être commandé par la dure nécessité pour s'y soumettre à mon âge. Je vois, Dieu merci ! le terme de cette urgence approcher. Je secouerai avec plaisir les épaules pour les débarrasser de ce fardeau qui y pèse. Oui, mon cher Thoury, je compte quitter cet emploi. Si, d'un côté, le souvenir de mes parents et amis me rappelle auprès d'eux, l'inclémence du climat me chasse d'ici. J'ai pourtant reçu de fâcheuses nouvelles de ce pays, que j'ai quitté il y a dix ans. Tout ce que j'y ai laissé est perdu pour moi. Je ne puis compter que sur ce que j'y porterai. Qu'importe, s'il suffit au nécessaire ? je me croirai heureux et me tiendrai tranquille et loin de tout emploi, etc.

« Je vous félicite d'avoir fait des arrangements qui vous conviennent pour continuer l'éducation que vous avez commencée. Je vous dois aussi des compliments de n'avoir que des demoiselles à instruire. Elles sont plus douces que les garçons, plus dociles et n'ont pas ordinairement moins de dispositions, etc.

« Vous n'aviez pas, lorsque vous m'écrivîtes, toute la satisfaction que vous pouviez désirer des personnes qui vous sont chères. Hélas ! mon cher Thoury, qui n'a ses peines? Sommes-nous en ce monde pour y jouir d'un bonheur parfait? Reconnaissons dans toutes nos afflictions la main de Dieu, qui nous châtie en père. Il n'en est pas dont nous ne puissions retirer avantage pour notre salut, que nous ne devons pas perdre de vue. Vous avez sans doute reçu des nouvelles de votre compatriote Chedel. Je souhaite qu'elles aient calmé vos douleurs. On n'en a pas reçu en ce pays depuis son séjour à Berlin, qui a été fort long. Mais enfin je crois qu'il y a longtemps qu'il jouit du plaisir d'être avec sa mère et ses proches.

« Je vous embrasse, mon cher Thoury ; portez-vous bien, etc., etc. »

Dans sa lettre du 9 juin 1802, l'abbé Daniel m'écrit :

« Votre commission, mon cher ami, est faite autant qu'elle peut l'être à présent. Je suis allé chez le ministre le jour de la Pentecôte, et son avis est que vous restiez tranquille où vous êtes jusqu'à ce qu'il ait reçu du gouvernement les instructions relatives à ce sujet, et si elles arrivent avant mon départ, qui sera dans trois semaines ou un mois au plus tard, je vous les ferai parvenir. Ce ne sera pas sans douleur, mon ami, que je quitterai le Nord sans avoir le plaisir de vous voir et de vous embrasser, mais je m'embarquerai pour Lübeck. La voie de terre est au-dessus de mes finances, je dirai même de mes forces physiques. Après quelque séjour dans cette ville, je me rendrai à Borcette, où j'espère trouver quelque soulagement dans un séjour fait en un endroit où nous nous sommes retrouvés après notre évasion. Je compte trouver à Lübeck une lettre de vous poste restante où vous me donnerez vos commissions pour

Paris et même pour Châlons, où j'espère
renouveler les témoignages de ma gratitude
à ceux qui m'ont rendu service. Vous vous
persuadez aisément, je pense, toute la part
que je prends à vos chagrins. Je vous vois
attaqué par tous les endroits sensibles, et
je sens moi-même tout ce que vous avez à
souffrir. Tous les sentiments souffrent chez
vous. Votre cœur est ulcéré de tous les côtés. Vous venez de perdre un frère chéri ;
votre épouse est privée de sa liberté et gé-
mit dans la misère ; vos enfants ne trouvent
dans leur grand-père qu'un homme insensible et dénaturé ; oui, mon ami, je compatis
de tout mon cœur à vos douleurs ; elles
sont poignantes, j'en conviens ; mais Dieu,
etc...

« J'espère trouver dans la lettre que vous
adresserez à Lübeck l'adresse de votre
belle-sœur. J'irai la voir et vos enfants ; je
les embrasserai de votre part et je ne serai
guère à Paris qu'au commencement d'oc-

tobre. Peut-être qu'à cette époque votre femme sera remise avec ses enfants. Disposez de moi dans tous les cas. Peu de temps après mon arrivée, je vous donnerai de mes nouvelles. Adieu ! portez-vous bien et prenez courage, etc. »

J'écrivis une lettre à mon ami poste restante à Lübeck, et voici la dernière lettre que je reçus de lui, datée de Paris le 8 janvier 1803 :

« Il y a trois semaines environ, mon cher Thoury, que je suis arrivé à Paris. Mon premier soin en arrivant a été de me rendre chez Mme Vincent pour remplir, autant qu'il est en moi, les obligations dont vous m'avez chargé pour vos enfants. J'ai trouvé votre belle-sœur comme vous me l'aviez dépeinte. Elle a envoyé chercher vos enfants, que j'ai vues et embrassées avec tendresse, comme appartenant à un homme qui m'est cher et que ses qualités de bon

père me rendent encore plus précieux. Je
vous dirai avec franchise mon premier
aperçu sur leur compte. L'aînée me paraît
donc sensible, mais, soit parce que son éducation a été négligée par suite des circonstances, soit par défaut de moyens person-
nels, elle ne me paraît pas avoir tiré grand
parti des sacrifices que vous faites. Je l'ai
interrogée bien légèrement pour une première fois et je l'ai trouvée insuffisante.
Pardonnez-moi ma franchise, je vous dois
la vérité ; mais je pense que ce serait perdre son temps que de prétendre en faire
une savante. S'attacher à l'écriture, au
calcul et lui apprendre bien à travailler
me paraissent être les seuls objets auxquels
on devrait se fixer. Je conçois ce que ce
discours peut avoir de désagréable pour un
père tendre qui veut faire des sacrifices
pour l'éducation de ses enfants ; mais, encore un coup, je vous dois la vérité. Quelque chose pourrait me faire changer d'opi-

nion, c'est le parti que vous prenez de les prendre près de vous. J'espérerais beaucoup de vos soins paternels, et je me défie beaucoup de ceux des mercenaires ; mais ce projet, que je loue, ne me paraît pas de facile exécution. Vous connaissez bien peu Paris, si vous croyez que l'on trouvera, aussitôt que vous en aurez conçu le projet, des personnes qui veuillent se charger de conduire à Berlin deux jeunes personnes, etc., etc., l'aînée est d'un âge qui doit nous rendre bien circonspects sur le choix. Il faudrait trouver une honnête femme qui voulût s'en charger, et cela n'est pas impossible ; mais sans une grâce particulière de la Providence, on ne peut se flatter de la rencontrer aussi promptement que vous le désirez. Nous nous en sommes occupés, Mme Vincent et moi, sans avoir encore pu y réussir, etc., etc. »

Il me parle aussi de Modeste et paraît en

avoir conçu une meilleure idée pour apprendre que de Victoire ; mais il s'est trompé, à cause de sa vivacité, car celle-là n'a jamais pu apprendre ni avec moi, ni avec d'autres. J'ai tout employé en vain ; mais l'ignorance n'empêche pas d'être heureux, et c'est tout ce qu'il faut dans ce monde.

« Je crois, me dit encore mon ami en finissant, que vous prenez le bon parti de les approcher de vous et de vous déterminer à prolonger votre séjour à l'étranger. Il y en a plus d'un de rentrés dans leur patrie qui regrettent ce qu'ils ont quitté, etc. »

D'après cette lettre, on peut bien s'imaginer que je ne désirais rien plus ardemment que me voir déjà sur la route de Paris, et, comme le comte de Medern avec toute sa famille se disposait également à partir pour l'Allemagne, jamais plus belle occasion ne pouvait s'offrir pour favoriser mon absence d'Altautz, puisque je n'avais plus rien à y faire. J'attendis donc que le comte fût parti, et, le 10 avril, je me mis en route par m'embarquer à Libau.

CHAPITRE IX

Je ne suis pas très superstitieux ; mais
cependant je répugnais de me remettre à la
merci de la Baltique, où j'avais été si malheureux. L'idée que presque tous mes parents avaient été noyés, mon père, mon
oncle, mon frère , me poursuivait sans
cesse. « Eh bien, dis-je, si c'est mon sort, il
faut qu'il s'accomplisse ; mais auparavant,
comme je laisse quelque chose derrière
moi, je dois faire une espèce de testament
pour qu'au moins mes enfants ne perdent
pas tout en cas que je périsse. » Je le fis et

le remis à un chevalier français que je nom-
mai mon exécuteur testamentaire en l'ins-
truisant de tout ce qui concernait ma famille, et je partis tout à fait résolu.

J'avais encore pris une autre précaution
en cas que je revinsse. J'avais conclu une
espèce de contrat avec une dame Martini,
qui s'obligeait pour elle et pour ses demoiselles à prendre en pension mes enfants
chez elle et à les instruire dans les sciences
et les ouvrages de main, moyennant 150
thalers par an.

Lorsque je partis d'Altautz, la terre était
encore toute couverte de neige. En arrivant
à Lübeck, c'était comme si je fus débar-
qué dans un autre monde. Les cerisiers et
l'aubépine à fleurs odoriférantes répandaient
de toutes les haies leurs parfums délicieux,
et j'en fus si agréablement frappé que je
ne pus m'empêcher de l'écrire à Mme Prévot, que j'avais laissée à Altautz.

Charmé de me retrouver sur un plancher

solide (la terre), je ne pensais plus qu'à voler
à Paris. Je pris une lettre de change à Hambourg d'environ sept ou huit cents francs
et bientôt me voilà chez Mme Vincent, qui fit
au moins semblant d'avoir beaucoup de joie
en me voyant. Nous étions à peine assis sur
un sofa où nous causions, lorsque tout à
coup nous vîmes la porte s'ouvrir avec fra-
cas et deux petites filles accourir en pleu-
rant et en s'écriant : « Mon papa, mon
papa ! » Ce moment fut si doux pour moi
qu'il est l'unique que je ne puisse réellement entreprendre de décrire, et surtout ce
que ressentit mon cœur à l'aspect de Victoire. Je ne puis méconnaître celle-là pour
ma fille, car il me semble revoir mon image
étant jeune, lorsque je me regardais dans
le miroir. Cette vive impression s'effaça
peu à peu, mais jamais je ne l'oublierai.
Quant à Modeste, elle ne ressemble ni à père,
ni à mère, et ne me fit nulle impression
agréable, parce que je ne l'avais vue qu'une

seule fois en ma vie, lorsqu'elle n'avait que quinze jours ou trois semaines. Elles pleuraient toutes les deux, et je demandai à Modeste pourquoi elle pleurait, puisqu'elle ne me connaissait pas, et elle me répondit : « Puisque ma sœur pleure, il faut bien que je pleure aussi. » La raison me parut péremptoire, et je me mis à sourire, ce que fit changer la scène.

Je ne pouvais me lasser de regarder Victoire, et je lui demandai qui lui avait annoncé ma présence puisqu'il y avait à peine un quart d'heure que j'étais arrivé. Elle me répondit que c'était la cuisinière de sa tante, qui était venue à la pension aussitôt qu'elle m'avait entendu nommer ; alors elles étaient accourues sans rien dire à personne. Ma belle-sœur, qui était un peu mortifiée de voir mes enfants si mal arrangées, gronda beaucoup sa servante de son trop de zèle ; mais je lui dis que cela ne faisait rien, et cela m'offrit dans le moment l'occasion de m'in-

former de leur garde-robe. Elle était bien
mince, et, dès le lendemain, nous allâmes
chez les marchands pour équiper mes fillettes
depuis les pieds jusqu'à la tête.

Je louai une chambre garnie, et je pris
mes enfants près de moi. J'étais, comme dit
le proverbe, heureux comme un roi; mais
une joie presque aussi grande m'attendait
encore, lorsque le lendemain matin je vis
mon véritable et unique ami Gobelet accourir et se précipiter dans mes bras. Alors il
n'y avait plus de vide dans mon cœur. J'ai
été bien malheureux quelquefois, mais aussi
je puis dire avoir goûté le bonheur parfait,
au moins quelques jours en ma vie. Dès ce
moment nous ne fîmes plus qu'une famille
avec mon ami; tout le temps qu'il pouvait
dérober à ses affaires, il était chez moi;
nous nous faisions apporter à manger de chez
le traiteur, ou bien nous dînions au jardin
des Tuileries; après cela, nous allions au
spectacle. Nous les avons tous visités l'un

après l'autre, et c'est ainsi que nous avons passé trois semaines ensemble à Paris, plus heureux que des rois sur leur trône.

J'ai dit que Gobelet était mon véritable et unique ami ; mais, comme rien n'est plus commun que le nom ni plus rare que la chose, je veux prouver que ce mot, dans ma bouche, n'est pas une expression banale, et que nous étions réellement de véritables amis, tels que les philosophes les ont définis.

J'ai toujours regardé toutes ces amitiés d'un moment fondées sur l'intérêt ou la politique comme rien, et c'est pourquoi mon cœur a toujours eu une certaine répugnance à nommer quelqu'un mon ami ; mais l'amitié qui me liait avec Gobelet était une sympathie, un penchant naturel, qui nous attachait l'un à l'autre, quoique nous fussions d'un caractère différent ; car il était calme et moi emporté. J'avais en lui autant de confiance qu'en moi-même ; tout était commun entre nous ; il n'avait point de secret pour

moi, ni moi pour lui, et ni la crainte, ni l'intérêt, ni la jalousie ne se sont jamais em-
parés de nos cœurs. Pour lui faire plaisir j'ai
couru avec sa femme le danger d'être assassiné par la populace de Troyes, et c'en était
fait de nous, s'il n'était accouru, le sabre à la
main, dissiper cette canaille qui nous croyait
des espions ; lui, à Verdun, m'avait sauvé
au péril de sa vie, lorsque je m'échappai des
prisons et que je faillis être arrêté. Il était
alors capitaine d'une compagnie de grena-
diers en garnison dans cette ville ; il m'a
tenu caché dans sa maison et m'a fait sortir
de la ville. Voilà, je crois, toutes les marques
de la véritable amitié. Elles sont rares ; mais
sans elles point d'amitié. Enfin, il fallut nous
quitter à Paris. Cette séparation nous coûta
beaucoup ; depuis, j'ai fait mille tentatives
pour le retrouver, mais ce fut en vain. Nul
doute qu'il soit mort depuis longtemps, et
mon cœur bat encore pour lui à son seul
souvenir.

Je pourrais dire que M. de Korff et l'abbé
Daniel ont eu aussi de l'amitié pour moi,
mais c'était autre chose; l'amitié de l'un était
une bienveillance naturelle pour ses sembla-
bles, et celle de l'autre fondée sur la reconnaissance d'une âme noble ; mais celle de
Gobelet était comme une chose innée, et
c'est pourquoi je dis que je n'ai eu qu'un
seul ami en ma vie ; c'est bien peu, mais
c'est encore plus que beaucoup de gens ne
peuvent se flatter d'avoir eu en la leur.

D'après tout ce que je viens de dire, j'étais,
me dira-t-on, un homme digne d'envie.
D'un côté, oui ; mais il n'y a pas de rose
sans épines. Ne me demandez pas de parler
aussi de ma femme, de la mère de mes enfants ; non, c'est un voile que je ne déchi-
rerai jamais. Tous ses parents m'avaient
trompé, plus ou moins, ou plutôt m'avaient
caché une partie de ses tristes aventures ;
mais M. Vincent fut assez officieux pour
m'en instruire. C'est une horreur, et dès ce

moment ma femme fut morte pour moi. Je
ne voulus pas la voir, ni en entendre parler.
Cependant, comme elle avait divorcé j'écrivis au vieux père Regnauld pour le prier
de m'envoyer une copie en forme et légali-
sée de notre contrat de mariage et de son
acte de divorce, en lui promettant de le
rembourser de ses avances. Il m'envoya ces
deux actes, que j'ai encore, en m'engageant
à passer par Châlons à mon retour, pour me
donner sa bénédiction ; mais je ne lui ai pas
seulement répondu, et sa bénédiction n'ayant
pas porté bonheur à sa fille, ni à mes enfants,
je m'en suis moqué, je n'ai plus entendu
parler de lui.

Ma digression sur le genre de notre amitié
avec Gobelet m'a un peu entraîné hors de
mon récit et m'a empêché de parler de la
joie de notre réunion avec l'abbé Daniel ;
mais on peut déjà se l'imaginer. Ma belle-
sœur me conduisit chez lui et me fit monter
par un escalier de pierre pour arriver dans

une petite chambre au-dessus du rez-de-
chaussée, où nous le trouvâmes lisant son
bréviaire. Il l'abandonna bien vite pour
m'embrasser, et nous nous tînmes longtemps
serrés dans les bras l'un de l'autre, fort at-
tendris. Sa voix et sa figure n'étaient point
changées, mais il manquait de force. « Vous
me voyez, dit-il, mon cher Thoury, dans un
misérable réduit, parce que je n'ai plus la
force de monter les escaliers. Vous voilà
donc enfin arrivé, et Dieu soit loué! je serai
moins fâché de mourir maintenant, puisque
je vous ai revu; mais parlons de vous et de
vos enfants. » Je lui fis part de tout ce que
je voulais faire pour elles et de mon intention de les placer dans de bonnes maisons,
si j'avais le bonheur de réussir dans leur
éducation. Il approuva mon projet et me dit
que la patrie était partout où l'on pouvait
vivre heureux, et qu'il y avait plus de ressources pour elles en Russie qu'en France.
« Car toutes les anciennes connaissances que

je retrouve, ajouta-t-il, sont ruinées, ou dans la détresse, ce qui me déchire le cœur. »

Le lendemain, il voulut me faire revoir la comtesse de Derry, avec laquelle j'avais été en prison dans le temps de la Terreur. Cette chère comtesse était logée au-dessus d'un cabaret, dans une petite chambre où il n'y avait absolument que les quatre murailles, son lit, deux chaises et une mauvaise table. Elle donnait des leçons aux deux petites filles du cabaretier pour son logement et sa nourriture. « Vous voyez, me dit-elle en entrant, une vieille tête qui me coûte quatre-vingt mille francs. » J'aurais voulu pouvoir oser lui offrir quelque chose, tant sa misère m'a touché ; mais je craignis d'offenser une telle femme, une femme qui montra tant de courage dans le temps où l'on égorgeait chaque jour dans les prisons.

Un soir, en se couchant, je la vis mettre deux pistolets chargés sous son oreiller, et, comme mon lit n'était pas loin du sien, car

nous avions tous nos matelas sur le plancher,
je lui demandai ce qu'elle voulait en faire ?
« Ce que je veux en faire ? me répondit-
elle. Si on vient cette nuit pour nous égorger,
je brûle la cervelle au geôlier, je prends ses
clefs et je me sauve. » Certainement elle
l'aurait fait ; mais on n'a pourtant pas égorgé
dans les prisons de Châlons.

Et sortant de chez cette dame, l'abbé Daniel
me fit remarquer un homme qui passait dans
la rue, vêtu comme un mendiant.

« Connaissez-vous cet homme ? me de-
manda-t-il.

— Non, répondis-je.

— Eh bien, c'est l'abbé Geoffroi, le secrétaire de l'évêque de Châlons.

— Allons, lui dis-je, il faut retourner en
Courlande ! Il n'y a plus que de la misère
pour les honnêtes gens dans ce pays, et je
me félicite de mon sort. »

Le lendemain, il me conduisit chez un
M. Kreisler, dont le père était cabaretier en

Courlande, et qui avait été valet de chambre chez la duchesse. Il avait pris beaucoup de peine pour tâcher de trouver une occasion pour envoyer mes enfants à Berlin, et je lui devais des remerciements. Là, c'était l'échelle renversée. Nous entrâmes dans un superbe hôtel où le luxe et l'abondance régnaient partout. Ce Kreisler avait épousé une des femmes de chambre de Mme Bonaparte. Bonaparte n'était encore que premier consul, mais Kreisler jouissait d'un si grand crédit qu'il recevait des suppliques de tous les coins de la France pour lui demander sa protection auprès de Joséphine.

Il m'a semblé que ce M. Kreisler avait tout le Louvre à sa disposition, car, le lendemain, Bonaparte devant faire une revue dans la cour du Louvre, il voulut nous le faire voir et nous mena dans un appartement à l'entresol, à côté de celui où était Joséphine, sous les fenêtres de laquelle Bonaparte se plaçait avec tout son état-major, de manière

que nous le vîmes à dix pas et que nous
eûmes tout le temps de le bien considérer.
Toutes les troupes, la musique des petits
nègres et surtout l'artillerie à cheval étaient
magnifiques. Bonaparte était monté sur un
superbe cheval blanc, couvert d'une housse
chargée d'or et de brillants; mais lui-même
n'avait pas une seule broderie sur son habit,
de manière que Modeste, qui a toujours été
une fille fort ingénue, prenait Rustan, son
mameluck, qui brillait d'or depuis ses savates
jusqu'à la tête, pour Bonaparte, et Bonaparte
pour son valet de chambre.

Au sortir de cette revue, Kreisler nous
reconduisit chez lui, où il nous donna, avec
l'abbé Daniel et mes enfants, un dîner superbe où, pour le dire en passant, Modeste
répandit une assiette de salade à l'huile
d'olive sur une belle robe qu'elle mettait
pour la première fois. C'est alors que je vis
Mme Kreisler, qui relevait de couches et qui
nous fit la grâce de nous admettre près de

son lit, dans sa chambre à coucher. C'était une fort belle dame, avec laquelle je m'entretins beaucoup ; elle me dit, entre autres choses, que Joséphine, qu'elle n'avait point quittée tandis que son mari était en Égypte, avait été à cette époque-là dans une telle détresse qu'elle ne pouvait pas payer ses souliers. Cela n'est pas incroyable ; la reine de France s'est bien trouvée en pareil cas ; mais il paraît que Mme Kreisler était sa favorite, car elle fut la marraine au moins par procuration de sa petite-fille, et la fit mettre en nourrice dans le lieu même où ses propres enfants avaient été nourris. Que de choses je pourrais encore raconter ! Mais cela me mènerait trop loin.

Pendant mon séjour à Paris, je fis un voyage à Versailles pour aller voir ma belle-sœur et son fils, que je trouvai encore dans le même logement, près de la grille du Dragon. Elle me sembla un peu vieillie, mais toujours douée de la même vivacité et de la même gaîté. Son fils, le seul reste de toute ma famille, était un fort joli garçon, rempli de talents, car il avait remporté plusieurs prix à l'Académie de peinture ; il me parut fort doux et très attaché à sa mère. Ils me firent beaucoup d'amitié et vinrent me voir à Paris ; mais, comme j'en reparlerai plus tard et que l'affaire avec mon neveu doit être terminée auparavant, je me bornerai à dire seulement, ici, que mon sort est de n'avoir jamais eu avec ma famille de plaisir sans mélange de beaucoup d'amertume.

J'avais acheté des livres pour mes enfants, et chaque fois que j'avais un moment de loisir, je les faisais lire ou écrire pour essayer ; mais cela n'allait pas avec Modeste. Elle avait commencé trop tard. Un jour, je l'enfermai dans mon cabinet avec son livre, en lui ordonnant d'étudier une couple de pages. Elle ne remuait point ; je regardai par le trou de la serrure pour voir ce qu'elle faisait. Elle tenait son livre à rebours et attrapait des mouches. Cela m'a fait beaucoup de mal et donné une bien mauvaise idée de cette enfant ; car, chaque enfant qui n'apprend pas de son propre mouvement et qui ne trouve pas plaisir à feuilleter un livre, on a beau le tourmenter et vouloir le forcer, il n'apprendra pourtant jamais rien. Combien j'en ai vu, et de fort bonne famille, qui ressemblaient à Modeste ! Mais c'est une triste consolation pour un père ou pour une mère.

Les plus belles pages de ma vie sont écrites ; jamais je n'éprouverai plus de moments aussi heureux, ni aussi malheureux, que ceux dont j'ai parlé. Peut-être que j'aurai encore quelques beaux jours sur la fin de mon automne, mais je vais entrer dans une série de désagréments qui durèrent plus longtemps que mes joies ; c'est le sort de presque tous les hommes, et il faut s'y soumettre, bon gré, mal gré.

Si je crois avoir fait mon devoir comme

honnête homme, et si ma conscience ne me reproche rien, cela doit suffire à mon bonheur. Que m'importe, si la famille de ma femme et même la mienne se sont mal conduites à mon égard ? Les fautes sont personnelles ; mais je dirai la vérité, toute la vérité.

Ce M. Vincent, que je connaissais très peu, était un fort bel homme, mais sans instruction, ni beaucoup de conscience, fin et séduisant comme tous les aventuriers ; il ne s'en est pas beaucoup manqué que je n'aie été sa dupe et que, grâce à lui, je ne me sois trouvé sans le sou dans les rues de Paris, avec mes deux enfants sur le dos. J'ai dit plus haut que j'avais une lettre de change de Hambourg, de 7 ou 800 francs, sur un banquier de Paris. Ce Vincent, sachant cela, voulut absolument, sous prétexte de me rendre service, que je lui confiasse ma lettre de change, me promettant de m'apporter mon argent dans le jour même. Ignorant comme tout cela se prati-

que, n'ayant jamais fait d'affaires d'argent
avec aucune banque, je lui confiai mon papier, comme un imbécile. Un jour, deux
jours, trois jours se passent, point d'argent ; il ne manquait jamais de prétexte
pour m'en faire accroire. Enfin, je voulus
ravoir la lettre de change pour aller moi-
même chez le banquier. Arrivé près du payeur
il me demanda à quel homme j'avais donné
ma confiance et si j'ignorais que ces lettres
de change ne se payaient qu'à la personne
qui avait fourni les fonds. Je lui répondis que j'ignorais cela ; il m'ajouta que Vincent s'était présenté trois jours de suite à
la caisse, d'où il avait été renvoyé, et que,
s'il avait pu toucher mon argent, il y
avait gros à parier qu'il ne me l'aurait pas
rendu, parce qu'il était connu pour un fripon. Alors je rendis grâce à ma bonne étoile.

Mais je n'en avais pas fini avec lui :
il a été plus heureux avec une belle topaze,
qu'on m'avait donnée à Altautz pour

en faire faire un cachet à Paris et qu'il
avait su aussi m'escamoter, toujours sous
prétexte de me rendre service. Lorsqu'il vit
cette pierre, il voulut aussitôt la faire en-
châsser par son bijoutier et me promit d'en
faire faire un superbe cachet; mais trois
semaines se passent, il fallait repartir, et
point de cachet. La veille de mon départ, il
eut l'effronterie de me dire qu'il voulait me
conduire chez son bijoutier, au Palais-Royal.
Nous y allâmes, mais nous ne trouvâmes
que madame la bijoutière dans son comp-
toir, une friponne comme lui, qui se répandit en excuses sur ce que son mari était
parti la veille pour l'Angleterre. Alors je m'a-
perçus bien que j'étais joué; mais que pouvais-je faire la veille de mon départ? Rien.
Vincent et sa femme me protestèrent qu'ils
m'enverraient mon cachet de Pétersbourg ;
car, pour mon malheur, Mme Vincent voulut m'accompagner en Russie et son mari
la rejoindre quelque temps après ; mais

14.

jamais je n'ai revu ni cachet ni Vincent.

La femme était à la hauteur du mari. Mme Vincent avait, il est vrai, pris ma Victoire chez elle lorsque sa mère l'abandonna pour courir le monde, et je lui devais des obligations à cet égard ; mais Victoire était sa nièce. Certainement j'envoyais à Mme Vincent de l'argent plus qu'il n'en fallait pour entretenir mes enfants et payer leur pension (mon épouse pourrait le démontrer par la récapitulation des sommes qu'elles a reçues), et pourtant, lorsque j'arrivai à Paris, mes enfants étaient presque nues. J'ai vendu tout ce qu'elles possédaient, leurs lits et leurs petits meubles de la pension ; de leurs guenilles j'ai retiré six écus ; c'est tout dire. Mme Vincent, femme très aimable, tout aussi séduisante que son honnête mari, avait enchanté l'abbé Daniel. Mais je suis fâché d'être obligé de le dire, elle ne valait pas plus que Vincent et cela ne pouvait pas être non plus autrement, car, lorsqu'un mari ne vit que d'industrie, la femme est obligée de faire de même. Ainsi que je le prouverai, elle m'a envoyé de fausses quittances de la maîtresse de pension; mais ce qui m'a le plus révolté contre elle c'est sa réclamation tardive et fausse, alors qu'à Paris j'avais fait tous mes comptes avec elle et établi que nous étions quittes.

Avec une douceur d'ange elle me pria d'avancer pour elle sa place dans la diligence jusqu'à Liège, en me promettant de me rembourser lorsque nous payerions celle de Liège jusqu'à Berlin. Je le fis, et, lorsqu'il fut question de me rembourser à Liège, elle m'offrit sur un chiffon de papier un long mémoire de près de cent francs, qu'elle avait fabriqué en route, pour des raccommodages de robes et des rempiécements de bas à mes enfants, mémoire qu'elle avait, disait-elle, oublié à Paris. J'éclatai contre elle en reproches ; mais que pouvais-je faire contre une telle femme dans un pays étranger? Elle aussi était furieuse contre moi, et cependant nous ne pouvions encore nous quitter. Si je l'avais pu, je me serais séparé d'elle volontiers et je me serais épargné beaucoup de nouveaux chagrins, surtout avec Victoire, qui était déjà grande et qui naturellement avait plus de confiance en sa tante qu'en moi.

Mᵐᵉ Vincent me suivit donc jusqu'à Berlin, et de Berlin jusqu'à Lübeck, où nous devions nous embarquer, elle pour Pétersbourg et moi pour la Courlande ; mais je tombai très dangereusement malade à Lübeck ; sûrement les chagrins de toutes espèces que j'avais essuyés contribuèrent beaucoup à ma maladie. Un jour, je m'en souviendrai toute ma vie, le médecin m'ordonna d'aller prendre un bain ; il fallait aller à une werste environ de la ville. J'y allai sans domestique et je me trouvai si mal dans ce bain qu'il me fut impossible d'en sortir. On m'en retira, et le grand air me rendit un peu de force. J'essayai donc de revenir, mais mes jambes ne pouvaient plus me porter. Je chancelais comme un homme ivre et je me reposai plus de trente fois avant d'arriver à mon auberge. Je me couchai et je voulus que mes enfants restassent auprès de moi ; mais la tante voulait aller se promener avec une Parisienne de ses amies et engagea Victoire à les suivre. Je défendis à Victoire de me laisser seul : j'étais si malade ! Mais ce fut en vain ; cette petite se mit à pleurer et me dit des injures affreuses. Elle me disait que j'étais un avare, un père dur et méchant, en un mot, qu'elle voulait aller avec sa tante. Qui ne reconnaît pas cette tante dans le langage de cette enfant ? Je demande à ceux qui liront ce passage et à ma fille elle-même si la Vincent est pardonnable d'avoir voulu m'aliéner, comme elle l'a fait, le cœur de mes enfants ? Je suis fâché d'accuser ainsi l'un après l'autre des amis, des parents, à qui j'avais donné ma confiance; mais l'excès du mal qu'ils m'ont fait m'arrache ces plaintes.

Tandis que mes enfants étaient chez Mme Martini, à Mitau, la Vincent écrivit plu_ sieurs fois à Victoire ; mais j'avais ordonné d'intercepter soigneusement toutes les lettres, et, fatiguée sans doute de ne pas recevoir de réponse, elle s'en retourna à Paris sans avoir eu de nos nouvelles.

Je ne puis me rappeler si la Vincent partit avant ou après nous de Lübeck. J'étais trop malade pour avoir pu conserver le souvenir d'une chose d'aussi peu d'importance. Tout ce que je sais, c'est que, le jour de l'embarquement, je me fis transporter au vaisseau sans autre provision que plusieurs bouteilles de médecine qu'on m'ordonna de prendre. Je me rappelle aussi que notre traversée dura environ huit jours et qu'il faut que le temps ait été bien mauvais, car le vaisseau a été si cruellement ballotté que Modeste, outre le mal de mer continuel, ne pouvait pas se tenir et roulait d'un coin à l'autre dans la cahute, où j'étais à chaque instant prêt à tomber en faiblesse. Souvent, pour me ranimer, je me traînais dehors et m'accrochais aux cordages pour respirer le grand air ; mais les vagues étaient énormes et, en venant se briser contre le vaisseau, elles inondaient le pont. Malgré cela, je voyais Victoire, placée au milieu d'un câble roulé sur le vaisseau, rire et s'amuser chaque fois qu'elle voyait une vague s'approcher et qui semblait vouloir l'engloutir. Dira-t-on que c'était du courage? Non. Cela est impossible de la part d'une enfant ; mais c'était l'ignorance du danger, mêlée d'une certaine hardiesse de caractère qui n'est pas commune dans les enfants ; depuis j'ai remarqué qu'elle est toujours la même ; car, telle saison qu'il fasse, elle entreprend les plus grands voyages sans la moindre hésitation.

Une chose que je me rappelle encore c'est que Modeste m'a cassé, le jour ou la veille de notre débarquement, ma dernière bou-

teille de médecine, et que je suis resté pendant tout le trajet sans manger, ayant de la
répugnance pour ce qu'on me donnait ; la
première chose que j'ai goûtée avec plaisir
fut une panade que me fit Victoire dans un
cabaret, en Courlande, ce qui me donna une
lueur d'espérance, car je croyais réellement
que je ne relèverais jamais de cette maladie.

CHAPITRE X

Enfin j'arrivai à Altautz le 19 juillet, après trois mois et 19 jours d'absence. Mme Prévot et le médecin reculèrent de frayeur en me voyant, tant j'étais changé et tant mon état leur faisait pitié. Je pleurai en embrassant le médecin et le priai de tâcher de prolonger ma vie encore un an, pour placer mes enfants ; mais il me semble que je n'avais besoin que d'être arrivé en Courlande pour vivre plus longtemps que je ne désirais, car chaque jour je repris sensiblement des forces, et au bout d'une semaine je me trouvai en état d'écrire en Allemagne à M. le comte et de lui apprendre tout ce qui m'était arrivé.

Je copie ici la réponse qu'il m'a faite, ainsi que les lettres des petites comtesses, qui prouvent, mieux que je ne puis le dire, que je fus plus heureux parmi les étrangers que parmi ma famille. Les uns m'ont aimé, tandis que les autres n'ont voulu que me dépouiller.

Lettre du comte de Medern

« Château de la Duchesse, le 5 septembre.

« Mon cher Thoury.

« Votre lettre du 30 juillet m'a fait un plaisir infini, puisqu'elle m'annonce votre heureuse arrivée en Courlande avec vos deux filles, et qu'elle me donne des preuves de votre contentement et de l'intérêt, que vous prenez à l'éducation de mes enfants. J'espère que votre maladie n'aura aucune suite et que le bon Baltzer fera tout son possible

pour vous rétablir bientôt. Vous connaissez
mon attachement pour vous, et l'assurance
vous suffira qu'il n'a pas changé d'aucune
façon. C'est avec le plus grand intérêt, que
j'ai appris tous les désagréments que vous
avez essuyés dans votre voyage. Tâchez donc
d'oublier tous vos malheurs et croyez-moi,
ainsi que ma femme (qui me charge de bien
des compliments pour vous), que nous serons
toujours prêts à soulager votre sort. Je vous
recommande l'instruction de ma Dorothée,
qui, à son âge, avec sa bonne volonté naturelle et votre manière d'instruction, se
trouvera en état de me recevoir avec un
compliment français à mon arrivée à Altautz.
J'espère pouvoir être de retour à la Saint-
Jean, mais cela dépendra pourtant de ma
santé au printemps prochain, si je serai ou
non obligé de reprendre les eaux de Carlsbad.
La nouvelle de notre séparation avec Fleisch-
mann (c'était le maître allemand) vous
étonnera ; mais sa conduite envers ma fem-

me à Berlin, surtout sa manière de s'expliquer à son sujet en présence de mes enfants,
puis sa déclaration envers moi que mes enfants étaient assez grandes pour pouvoir dé-
cider si lui ou ma femme avait tort, m'ont
engagé à faire une démarche à laquelle je ne
m'attendais pas lors de mon départ de la
Courlande. Mais il est certain que M. Fleisch-
mann a eu des mérites envers mes enfants,
et, pour le récompenser, il aura aussi une
gratification de mille écus alberts. Rien ne
m'occupe plus qu'une bonne éducation pour
mes enfants, et c'est pour cette raison que
je viens d'engager un instituteur nommé
Trautretter, qui paraît avoir des connaissances réelles, tant pour l'instruction dans
les sciences nécessaires que pour le clave-
cin. Je lui ai fait part de la manière de votre
instruction, je lui ai dit que j'aurais un grand
plaisir de voir que vous et lui agissiez toujours de concert, rapport à l'histoire ancien-
ne, moderne et naturelle. Il m'a donné cette

assurance, et je crois en tirer beaucoup d'avantages pour mes enfants, en voyant que l'instruction donnée sur les mêmes matières dans la langue allemande et française doit nécessairement produire une impression qui ne fera pas oublier ce qu'elles ont appris. Vous aurez l'avantage que M. Trautretter parle français, de manière que vous vous comprendrez mutuellement.

« Adieu, mon cher Thoury, persuadez-vous de mon attachement et croyez-moi pour toujours votre très affectionné.

« Charles, comte DE MEDERN. »

On peut bien s'imaginer qu'une lettre aussi amicale de la part du comte m'a fait un grand plaisir et contribua beaucoup à ma tranquillité et à mon rétablissement.

Lettre de Mlle Minette. renfermée dans celle du père.

« Monsieur,

« La joie que vous montrez de recevoir

de mes nouvelles fait que je vous écris quelques jours plus tôt que je n'avais l'intention. Je me ferai une fête de revoir Altautz et d'y prendre de vos leçons, dont j'ai encore tant besoin. Je ne me plais pas en Allemagne ; c'est un pays que je n'aime pas.

« N'est-ce pas un devoir de reconnaissance de s'intéresser à votre santé, puisque vous travaillez presque toujours à notre éducation, qui doit faire le bonheur de notre vie ? Demain nous partons de Dresde pour Berlin, où nous passerons tout l'hiver. Maman ne fréquentera aucune société. Elle ne verra que quelquefois la Duchesse, et vous pouvez bien croire combien je me chagrine de vivre dans la solitude. J'ai appris avec un plaisir infini que vous donnez des leçons à Dovis (c'est aujourd'hui la femme de M. Trautretter, mère de douze ou treize enfants) ; vous verrez qu'elle récompensera vos peines, et, si sa mémoire n'est pas telle que vous le désirez, elle fera pourtant son possible pour ne pas être devancée par ma petite sœur Dorothée, qui est beaucoup plus jeune qu'elle.

« Adieu, portez-vous aussi bien que votre Minette. »

Lettre de Mlle Annette, l'aînée des comtesses.

« Monsieur,

« Ma sœur vient de recevoir votre lettre, dans laquelle vous lui demandez si je suis morte. Rien ne peut me faire plus de peine que de vous entendre dire que vous êtes fâché contre moi. Je croyais que vous étiez encore sur mer, ou en chemin, et je ne savais où vous adresser mes lettres. Je fus bien étonné lorsque la petite Dorothée m'a raconté qu'elle vous a vu avec vos filles chez M. Rounniken, à Berlin (c'est la fille de la Duchesse). Je crois qu'après un aussi long voyage vous serez bien content de vous revoir dans votre petite chambre, entouré de vos oiseaux, et de varier vos petits ouvrages

de pinceau. Oh ! que je serais heureuse si
j'étais aussi de retour en Courlande et de ne
pas aller à Berlin ! Mais donnez-moi souvent de vos nouvelles et de celles d'Altautz,
car, si on reçoit quelques lettres, elles sont
toujours remplies de compliments, et je
n'aime pas cela.

« Adieu, faites, je vous prie, mes compliments à ceux qui pensent encore à moi.
Je suis votre Annette. »

Cette chère comtesse était extrèmement
bonne, mais elle n'aimait point à travailler,
et, lorsque je voulais lui faire faire des petites
lettres, elle me disait toujours: « Ne me tour-
mentez pas tant, car je ne vivrai pas longtemps ; et, si je ne meurs pas, je ferai écrire
mes lettres par ma femme de chambre. »

La chère comtesse avait raison ; elle est
morte fort jeune, ainsi que sa sœur Minette.
La comtesse, le comte, tous sont morts, et
moi je vis encore. O mort ! tu ne comptes
pas les années ; mais tu n'épargnes personne,

et mon tour viendra aussi bientôt ; mais marchons sans crainte jusqu'à la fin.

Aussitôt rétabli, je conduisis mes enfants à Mitau, chez Mme Martini, qui les reçut avec des transports de joie et d'amitié, parce que c'étaient des écus qui lui arrivaient. Tout me faisait espérer que mes enfants seraient bien tant pour l'éducation que pour la nourriture et le genre de vie. La Martini était une bonne femme, et ses filles fort jolies demoiselles, surtout la cadette ; mais elle était si pauvre que mes enfants, au bout de quelques mois, se plaignirent de n'être pas rassasiées. Je dis à Victoire que cela me paraissait impossible puisque ces dames étaient toutes si bien habillées, qu'elles allaient à tous les bals et qu'elles prenaient mes filles avec elles. « Oui, me répondit-elle, elles y ont été encore hier ; mais, comme elles n'avaient pas de jupons blancs de dessous, elles en ont fait en cousant deux serviettes l'une avec l'autre. » Je ne pus m'empêcher de rire,

mais je vis bien que c'était là, comme chez
beaucoup d'autres, vanité, folie et pauvreté.
Alors je ne songeai plus qu'à retirer mes
enfants de cette maison. Je ne voulais pas
qu'elles allassent aux bals tant qu'elles seraient à l'école. Je voyais aussi que la lecture et l'écriture n'allaient pas ; mais comme j'avais fait un contrat avec la Martini,
elle voulut le tenir, et je fus obligé, pour
retirer mes enfants de chez elle au bout de
six mois, de lui payer 70 thalers à titre de
dédommagement. Voilà déjà, comme on voit,
un assez mauvais début.

Le 1er février 1804, je plaçai mes enfants
à Buschhoff, à une petite lieue d'Altautz,
chez Mme Rasewsky, où j'allais toutes les
semaines pour leur donner un jour de leçon
et veiller à leur éducation. Là elles étaient
parfaitement bien. Mme Rasewsky était une
femme bien élevée, d'un esprit solide. L'instruction allait aussi bien qu'elle pouvait
aller, lorsque, dans la nuit du vendredi au

samedi 13 janvier 1805, le feu prit à Buschhoff, et mes enfants, ainsi que toute la
famille de Mme Rasewsky, n'échappèrent aux
flammes que par un miracle et en se sauvant
au milieu de la nuit dans la neige, sans bas,
sans souliers, et réduites à la seule chemise
qu'elles avaient sur le corps.

Le lendemain de ce triste événement,
nous courûmes à Buschhoff avec M. Trautretter. Nous ne trouvâmes plus que les
décombres fumants de la maison et M. Rasewsky au milieu de sa cour, le désespoir
peint sur la figure et rassemblant tout ce
qu'il avait pu arracher aux flammes. Il nous
dit que sa femme et mes enfants s'étaient
réfugiées chez un paysan du voisinage. Nous
y allâmes et nous les trouvâmes toutes trois
blotties dans un lit, derrière le fourneau,
enveloppées dans de grosses pelisses de
mouton, avec des visages tout noirs et des
habits en lambeaux, en un mot dans un
état si terrible qu'elles auraient fait pitié à

l'homme le plus froid et le plus indifférent.

Nous les ramenâmes au cabaret d'Altautz. Le plus pressant besoin était de leur donner du linge, et, comme dans le moment nous n'en avions pas à leur usage, Mme Rasewsky mit une chemise de Trautretter, et j'en donnai des miennes à mes enfants. — La veille de ce terrible événement, j'avais encore payé d'avance à Mme Rasewsky trois mois de la pension de mes enfants. Tout semblait conspirer contre moi ; mais M. le comte, Mme la comtesse et toutes les personnes de la maison déployèrent dans cette circonstance infiniment de noblesse et de générosité. Mes enfants furent placées au pastorat de Gross-Autz, et la comtesse voulut payer leur pension jusqu'à la Saint-Jean. Elles recevaient des leçons du jeune pasteur ; mais cela ne pouvait pas durer, et je me vis forcé de prendre le parti désespéré de quitter la maison du comte et d'aller m'établir à Mitau pour achever l'éducation de mes enfants.

J'aurais désiré pouvoir mettre mes enfants en pension chez le médecin ou le bailly d'Altautz pour pouvoir leur donner des leçons tous les jours ; cela ne pouvait pas gêner la comtesse, ni nuire à ses enfants, j'avais assez de temps de reste pour cela ; mais elle avait pour principe de ne prendre jamais de gens mariés, ni d'enfants étrangers aussi près d'elle. Cependant, lorsque je lui fis part de ma résolution de quitter sa maison, elle fit tout ce qu'elle put pour me retenir. Elle me disait que j'étais un homme perdu si je m'en allais. Je sentais en effet que je risquais beaucoup. Un *tiens* vaut mieux que deux *tu l'auras*, comme dit le proverbe. Le jeune comte d'Elley vint même à Altautz pour me persuader de rester ; mais que pouvais-je faire ? J'avais commencé avec mes enfants, il fallait finir, au risque d'exposer ma tranquillité personnelle. D'un autre côté, d'autres personnes m'assuraient que je trouverais des ressources à Mitau. On me parlait du

maître du gymnase qui était déjà très vieux
et qu'un jour je pourrais peut-être remplacer. On m'assurait qu'il se faisait un revenu
de mille écus par an. Mes prétentions n'allaient pas jusque-là, et je croyais n'avoir pas
besoin de tant d'argent pour me soutenir.
Alors, je résolus d'avoir du courage jusqu'à
la fin et je vins m'établir à Mitau. Je pris un
logement chez Morel. Les temps étaient
encore favorables alors, j'eus une école de
demoiselles et beaucoup de bonnes leçons
particulières ; je travaillais jusqu'à douze
heures par jour et je gagnais et dépensais
en effet près de mille écus par an, chose
que je n'aurais jamais crue. Enfin je ne fus
donc pas perdu à Mitau ; au contraire j'y fus
constamment heureux. Toute la cour de
Louis XVIII y était dans ce temps-là, et je
voyais beaucoup de Français chez moi. Lorsqu'ils venaient me voir et qu'ils me voyaient
dans mon école à la tête de six jolies jeunes
filles brillantes de santé et de gaieté, ils s'ar-

rêtaient pour les contempler et les admirer,
et me félicitaient de mon bonheur. Cela était
en effet très beau à voir ; mais, comme il n'y
a pas de rose sans épines, ils ne voyaient
pas la peine que je prenais. Cependant
j'étais flatté de faire envie, et cela me donnait du courage.

Au bout d'environ deux ans, voyant que
mes enfants ne deviendraient jamais de grandes gouvernantes même si elles restaient
plus longtemps à l'école, voyant aussi que
Victoire se lassait d'être auprès de moi, sachant qu'on la désirait dans plusieurs maisons, et enfin souhaitant moi-même voir le
monde, je pris encore la résolution de
changer de vie et de placer Victoire ; mais
comme c'était une fille qui avait de grandes
prétentions, elle me déclarait ne pas vouloir
rester en Courlande, pays trop petit à son
gré : elle voulait aller à Saint-Pétersbourg.
Elle fit plus ; elle me persuada d'aller avec
elle, ajoutant que j'y trouverais une bonne

place et que j'y serais heureux. Faible et pré-
somptueux comme un autre, je la crus et je
me décidai encore à quitter Mitau pour
courir de nouveaux hasards. Je n'avais
point à me repentir d'y être venu et je crus
qu'il en serait de même à Saint-Pétersbourg.
D'ailleurs je ne voulais point que ma fille
pût me reprocher un jour de lui avoir fait
manquer son bonheur. Aussi l'attrait de
faire un voyage agréable et de voir la capi-
tale d'un pays que j'aimais fit que je ne balançai plus. Je commençai par placer Modeste dans une maison où elle était bien et
où elle avait d'assez bons appointements
pour elle ; je vendis tous mes meubles ;
nous achetâmes une voiture et des chevaux
avec un Français qui voulait aussi aller
habiter Pétersbourg, et nous partîmes le
plus gaiement du monde. C'est ainsi qu'a-
gissent les philosophes : ils jouissent du
présent sans s'inquiéter de l'avenir.

Avant de partir, je m'étais muni d'un paquet de lettres de recommandation et je croyais mon bonheur infaillible ; mais le règne des Français était passé dans ce pays. Beaucoup de ceux qui s'y étaient établis s'étaient si mal comportés qu'ils s'étaient attirés la malveillance du gouvernement et fait envoyer hors des frontières. On m'a raconté, à ce sujet, qu'un fou de Français, croyant sauver l'honneur de sa patrie, avait eu l'imprudence d'aller enlever dans une église un bâton de maréchal qui y était déposé parmi les autres trophées, et qu'il l'avait reporté à Paris, pour enlever à la Russie le témoignage de sa victoire sur un maréchal français. Il faut avouer qu'un pareil enthousiasme est plus digne d'un fou que d'un véritable Français ; mais c'était plus qu'il n'en fallait pour faire haïr nos nationaux et leur faire perdre toute la confiance dont ils avaient joui. Voilà ce que j'ai éprouvé et ce qui m'a fait voir que rien au monde n'est plus précieux pour un hon-

nête homme que l'estime et la confiance
dont il jouit, et ce qui me fit penser à re-
tournir bien vite à Mitau. Partout où je
remis mes lettres de recommandation je fus
accueilli avec beaucoup de politesse et on
me promettait de s'intéresser à moi : mais
je ne fus pas longtemps à m'apercevoir que
c'était de l'eau bénite de cour et je n'étais
pas homme à importuner et à ramper
dans les antichambres. Je restai cependant
environ trois mois à Saint-Pétersbourg,
où je dépensai tout mon argent ; après quoi
je me trouvai encore une fois entièrement
épuisé pour mes enfants ; malgré cela, je
ne voulus pas revenir à Mitau comme un
gueux. J'écrivis d'abord au professeur
Groschke pour savoir comment il pensait
que je serais revu à Mitau et voici la copie
de la réponse qu'il me fit :

      « Le 19 juillet 1807.

 « Monsieur,

  « La lettre que vous m'avez écrite m'a

touché sensiblement, et moi, comme toute
ma famille se réjouissent beaucoup de vous
revoir ; mais c'est principalement Julie qui
ne demande pas mieux que de recommencer
les leçons de son bon maître. Elle a voulu
absolument vous marquer par quelques
lignes ses sentiments ; mais, ne sachant si
vous êtes déjà en chemin, je suis chargé de
vous dire mille choses de sa part. Comme
je vais à la campagne, je ne puis vous
écrire que ce peu de mots pour vous marquer que je désire d'avoir des leçons pour
mes enfants.

« Avec l'assurance de mon estime je suis,
Monsieur, votre, etc. »

Content de cette lettre, en voyant que je
trouverais à Mitau la confiance après laquelle
je soupirais vainement à Saint-Pétersbourg,
je remis Victoire, qui n'avait pas encore de
place, entre les mains de Mme la comtesse
Dumoutier (dont le mari, par parenthèse,

était un des gardes du corps qui avaient accompagné Louis XVI dans la fuite pour Varennes et que j'avais vu en passant à Châlons sur le siège, en veste jaune, travesti en valet de chambre) ; cette dame, infiniment respectable, témoignait à ma fille le plus tendre attachement, ainsi que Mme Chedel et M. Le Fèvre, mon ancien chef de bureau à l'intendance à Châlons, qui me promirent tous de s'employer pour elle et de la protéger. Il était bien plus facile de trouver une place pour une jeune fille que pour un homme, et je pouvais être tranquille à son sujet, ainsi que la suite me l'a prouvé, puisqu'au bout d'un mois ou deux elle entra chez le gouverneur de Lanskoy, devenu ministre, où elle est restée dix ans.

Mais je reviens au projet que je roulais dans ma tête pour retourner à Mitau ; vous y verrez une nouvelle preuve de ma témérité à vouloir toujours entreprendre quelque chose de nouveau.

J'avais fait à Saint-Pétersbourg la connaissance d'un libraire nommé M. Ziemssen, qui m'aimait beaucoup et chez qui j'allais dîner très souvent. Il avait une bibliothèque considérable, et je trouvais son métier très agréable ; il avait toujours du monde chez lui pour acheter des livres ou les demander en lecture. La plupart de ses volumes étaient d'anciens ouvrages qui avaient été lus jadis à Pétersbourg ; mais un bon livre est toujours nouveau pour celui qui ne l'a jamais lu, et je pensais qu'à Mitau cela serait superbe, si je pouvais établir une pareille bibliothèque, quand même elle ne serait pas si considérable. Je n'avais plus le sou, cela est vrai, mais j'avais toujours du courage. Je parlai à M. Ziemssen de mes projets et des ressources que je croyais entrevoir à Mitau pour un pareil établissement. Il savait que je ne possédais rien, mais il avait confiance en moi et, comme il n'était peut-être pas fâché non plus de se défaire d'une partie

de ses livres qu'on ne lisait plus, il m'offrit
sur-le-champ du crédit et autant de livres
que je voudrais en prendre. C'était tout ce
que je désirais. Nous convînmes de nos arrangements, et je me mis à choisir au moins
vingt mille volumes, bien plus d'après les
titres que d'après le mérite réel des livres,
car je n'avais pas le temps de les examiner
comme il aurait fallu, et on peut bien s'imaginer que j'en pris pour les fous autant que
pour les sages. Mais M. Ziemssen m'assura
que c'était ce qu'il fallait pour une bibliothèque de lecture, et je m'en rapportai à son
expérience.

Ce n'était pas le tout d'avoir une bibliothèque, il fallait encore des meubles ; il fallait
être décemment logé. Qu'importe au public
que les meubles soient payés ou non ? pour
lui plaire et obtenir sa faveur, il faut avoir
une maison proprement arrangée. J'allai
courir les magasins avec ma fille ; nous
achetâmes tables, chaises, sofas et tout le

nécessaire ; je fis tout emballer et transporter sur un vaisseau avec mes caisses de livres, je dis adieu à ma fille et, vogue la galère ! me voilà reparti pour Mitau.

En arrivant à Riga, il m'est arrivé un petit incident dont je veux rendre compte, pour montrer combien tous les douaniers méritent à juste titre d'être regardés comme le fléau du genre humain et surtout des voyageurs. Tous mes livres et tous mes meubles étaient sur un vaisseau danois au service de la Russie et qui avait peut-être paru vingt fois dans ce port avec des vivres et des marchandises pour l'armée russe. J'avais tout acheté à Saint-Pétersbourg ; tous les papiers du capitaine et les miens étaient en règle ; mais n'importe, un vieux commis de la douane prétendit que mes colis devaient être considérés comme contrebande, parce qu'ils étaient sur un vaisseau étranger. C'était le comble de l'absurdité : tout le monde le voyait et le disait ; cependant il fit

saisir tout mon bagage et le fit transporter
dans les magasins de la douane. J'étais furieux de me voir ainsi arrêté, et encore plus
de voir culbuter mes meubles comme on le
faisait ; je dis des sottises à toute cette canaille et lui reprochai son ineptie, mais ils
écoutaient tout sans répondre et n'en allaient
pas moins leur train. Il me fallut écrire à
Saint-Pétersbourg, et ils ne me rendirent
mes meubles et mes livres que sur un ordre du ministre, qui arriva quinze jours
après. Ce fut une vexation intolérable ;
malheur aux honnêtes gens qui tombent
entre les griffes des douaniers !

Enfin, arrivé à Mitau, je louai un quartier
dans la rue du palais ; j'arrangeai mes meubles et ma bibliothèque, je fis imprimer un
catalogue, et bientôt j'eus d'excellents abon-
nés à 12 thalers par an, et des écoliers autant que je pus en prendre. Je fis revenir
Modeste près de moi ; je pris une ménagère
bonne à tout et bonne à rien, et me voilà

dans une maison très bien montée, mais avec des dettes par-dessus les oreilles. Tout allait bien, excepté mes deux ménagères, qui ne valaient rien et qui auraient mangé tout le ménage si cela avait duré longtemps.

J'étais presque toute la journée absent pour mes leçons, et, lorsque je rentrais chez moi avant ou après midi, je sentais presque toujours mes chambres parfumées ; cela m'étonnait, et je fus assez sot, au commencement pour attribuer cela à l'attention de ma fille et à la propreté de ma ménagère ; on est toujours charmé d'avoir des gens propres autour de soi. Mais comme elles durent se moquer de moi ! Bientôt, en effet, je fus convaincu que tout ce parfum n'était nullement répandu pour me plaire, mais uniquement pour dissiper l'odeur des petits déjeuners à la fourchette qu'elles faisaient tous les jours en mon absence et dont elles m'enviaient jusqu'à l'odeur. Alors je vis que mon ménage coulerait à fond si je n'y

mettais bon ordre. Ma chère Modeste, d'ailleurs, ne pouvait m'aider, ni me secourir en
rien, et je crus qu'il était temps de penser
à moi seul, si je ne voulais pas mourir
comme un misérable. J'avais assez longtemps travaillé pour les autres, et mes enfants étaient en état de se nourrir : mais que
pouvais-je faire ? J'y réfléchis longtemps et
mûrement, et je ne trouvai d'autre moyen,
si je voulais rétablir mes affaires et m'assurer des secours pour mes vieux jours, que
de chercher une bonne femme qui pût conduire mon ménage et ma bibliothèque et
qui fût même assez instruite pour donner
elle-même des leçons et m'aider dans mes
autres travaux. C'était prétendre beaucoup ;
mais enfin je n'étais pas encore tout à fait
décrépit, je n'avais qu'environ quarante ans
et je ne désespérai pas de réussir.

La première fois que je m'étais marié, je
m'étais plus attaché à la beauté qu'à la qualité, et tout le monde sait que la beauté sans

la qualité est peu de chose. Cette fois-ci je voulus faire le contraire. Or, à mon âge, trouver une femme comme j'en voulais une, c'était déjà une assez grande prétention, surtout pour moi qui n'étais pas un homme comme j'en connais plusieurs, que deux ou trois refus ne rebutent pas. Un seul aurait suffi pour m'empêcher d'y penser, et adieu les projets de bonheur. Je n'étais pas homme non plus à filer longtemps le parfait amour; il aurait fallu, pour bien faire, que ce phénix que je désirais me tombât du ciel. Je parlai à Modeste de l'envie que j'avais de lui donner une belle-mère, car il fallait bien qu'elle le sût. Elle trouva tout de suite mon idée excellente, et, comme ses vues ne s'étendaient pas aussi loin que les miennes, elle me proposa une femme, et elle me servit dans cette circonstance beaucoup plus avantageusement qu'elle ne faisait dans ma cuisine. Il y avait, vis-à-vis la maison où je demeurais, une femme de chambre bien

grasse et assez jolie, qu'elle admirait de mes
fenêtres surtout parce que cette femme de
chambre avait un joli mantelet; elle m'engagea à l'épouser. Comme on voit, ma fille
n'avait pas d'orgueil; c'est toujours une
bonne qualité; mais, comme je lui dis que
cette belle fille ne savait peut-être pas écrire
mieux qu'elle et ne m'arrangerait pas, elle
me répondit que je pouvais en choisir une
moi-même : en quoi elle avait raison.

Il est certain qu'un maître qui a eu beaucoup d'écolières me semble plus en état qu'un
autre de juger du mérite d'une jeune fille.
Or, de toutes celles que j'avais eues, il y en
avait une petite nommée Mlle Jordan, dont
les parents étaient sans fortune, mais extrêmement honnêtes gens; elle avait été si
bonne écolière, possédait tant de qualités et
de talents, laborieuse et pas coquette, ni
vaine, bonne Française, musicienne, écri-
vant comme un ange..., bref ce fut sur elle
que je jetai mon dévolu. Elle n'avait pas

encore vingt ans, mais je jugeais que ce
n'était pas un grand défaut et je la trouvais
belle, parce qu'elle réunissait tous les mérites que je désirais. J'en parlai à Modeste,
qui me dit qu'effectivement c'était une fille
bien savante. Alors je lui dis d'aller la voir,
de tâcher de s'en faire une amie et de l'engager à venir voir ma bibliothèque. J'étais
bien sûr que c'était l'appât le plus propre à la
faire tomber dans mes filets sans qu'elle s'en
doutât. Voilà comme sont presque tous les
hommes ; ils ne cherchent qu'à tromper toute
leur vie, d'une façon ou de l'autre. J'espère que le bon Dieu et ma femme me
le pardonneront. Cette dernière m'avoua
que Modeste m'avait servi auprès d'elle
on ne peut pas plus adroitement et avec
plus de zèle, en ne tarissant point sur ma
bonté et mon mérite. Et moi qui avais
tant tourmenté cette pauvre Modeste, pour
lui faire apprendre quelque chose ! voilà
comme on découvre souvent du mérite où

l'on s'attendait le moins à en rencontrer.

Enfin ma femme future vint chez moi et on peut·bien s'imaginer que je fis tout pour lui faire trouver du plaisir à y revenir. Elle estimait mon petit logement superbe, et surtout ma bibliothèque. Elle était comme dans son élément avec mes livres. Je l'engageais au thé, et de temps en temps je faisais faire une tourte ou d'autres petites friandises, que les jeunes filles aiment toujours beaucoup. J'étais honnête et prévenant, je donnais même quelquefois un petit souper, et voilà comme j'ai fait ma cour d'une façon qui, je crois, n'est pas la chose la plus maladroite que j'aie faite en ma vie.

Je lui ai bien écrit aussi plusieurs billets doux qu'elle avait renfermés dans un petit sac; mais un jour, ayant trouvé ces billets, dans un transport qui n'était pas trop amoureux, je les ai brûlés, n'y trouvant pas assez de chaleur et pour ne pas laisser exister les preuves de mes vieilles faiblesses.

Enfin, croyant que le moment était venu et que je pouvais sans crainte déclarer ouvertement mes prétentions, ma femme devant me trouver trop galant et trop honnête pour pouvoir me refuser, je lui dis tout!

Jamais je n'ai cessé vingt-quatre heures de l'aimer et de m'estimer heureux de l'avoir; n'importe combien je vivrais encore, mes sentiments pour elle seront toujours les mêmes jusqu'à mon dernier soupir. Je crois lui en avoir donné des preuves, et je n'ai pas besoin d'en dire davantage à son égard.

CHAPITRE XI

En me mariant, j'avais fait un contrat de mariage dans lequel j'assurais à ma femme tout ce que je laisserais ; mais, si j'étais mort deux ans et même trois ans après, veut-on savoir ce que je lui aurais laissé ? des dettes jusque par-dessus les yeux, ainsi qu'on l'a déjà vu. Si cela fût arrivé, je crois que ma mort m'eût été bien pénible, car ma conscience m'aurait reproché d'avoir déçu ma femme ; mais Dieu ne l'a pas voulu ; il a voulu, au contraire, me combler de ses grâces en me donnant toutes les occasions possibles de pouvoir gagner de l'argent pour payer toutes mes dettes ; mais aussi nous avons beaucoup travaillé avec ma femme, et surtout dans le temps de la guerre des Français, où nous avons souvent passé des nuits entières à écrire.

Si les Français étaient restés plus long-temps dans ce pays, nous serions devenus riches. A Dieu ne plaise que j'eusse jamais formé ce désir ! au contraire, ils n'avaient point d'ennemi plus ardent que moi. Cependant j'avais été nommé translateur à la régence ; j'avais la confiance d'un grand nombre de seigneurs et des habitants, qui me chargaient de défendre leurs intérêts. J'ai fait des lettres et des mémoires qui m'étaient bien payés, à presque tous les rois de l'Europe, à Bonaparte, à Joséphine, et surtout à l'empereur et à l'impératrice de Russie. J'étais heureux dans mes travaux, et j'ai fait obtenir justice à beaucoup de monde. La main de ma femme devait être si connue de l'empereur Alexandre qu'à la fin de son règne, pour ne pas nuire à mes clients, j'étais obligé de faire copier mes suppliques par une autre main, de peur qu'il ne crût qu'à Mitau il y avait une fabrique de requêtes pour implorer sa justice ou sa clémence.

Enfin, toutes mes affaires allaient bien, nous avions du courage et de la persévérance ; nous donnions beaucoup de leçons, ma bibliothèque nous rapportait aussi de l'argent, et je reçus une place au Gymnase.

Je pourrais faire un fort long et fort joli chapitre de tout ce qui m'y est arrivé ; j'en ai conservé les matériaux ; mais, comme ce secret ne me regarde pas seul, je suis forcé de garder le silence, afin de ne pas passer au moins pour un indiscret.

Ce ne fut que dans ce temps que je fis à ma femme la confession de toutes mes dettes ; jamais elle ne m'en a fait de reproches. Nous les payâmes et nous nous

trouvâmes même encore quelques centaines
d'écus d'économie.

Aurais-je mieux fait de les placer et de tâcher d'épargner quelque chose tous les ans
plutôt que d'acheter une maison à crédit ?
C'est encore une question. Combien d'honnêtes gens à peu près dans la même situation
ont placé leurs petites épargnes chez des
gentilshommes, ou des maisons de commerce
fort bonnes alors, et qui ont tout perdu
ensuite par des banqueroutes ou d'autres
circonstances fâcheuses ! Si ce malheur
me fût arrivé, j'en aurais eu du chagrin et
des regrets toute ma vie ; mais comme j'ai
toujours aimé les entreprises, comme il faut
toujours se loger et que les loyers courent
en dormant, enfin comme ma place du gymnase m'exemptait de toutes contributions et
de logement de gens de guerre, charges
infiniment onéreuses pour tous les pauvres
bourgeois, je voulus jouir de tous les avantages de ma place, et nous décidâmes

d'acheter plutôt une maison, sauf à la payer petit à petit.

Beaucoup de gens nous disaient que c'était notre ruine, parce que l'expérience prouve que tous ceux qui ont acheté des maisons à crédit depuis quelques années ont été obligés de les revendre à moitié perte, ou de les abandonner à leurs créanciers, chose dont la ville offre mille exemples ; mais jusqu'à présent le bon Dieu n'a pas encore voulu notre ruine. J'ai été obligé deux fois de faire de grandes réparations à ma maison, qui me coûte aujourd'hui plus de 7.000 roubles argent ; mais elle m'a rapporté aussi beaucoup. Si je ne laisse point grand'chose à ma femme en mourant, puisque les maisons et les loyers sont tombés de plus de moitié, au moins j'espère qu'elle ne sera obligée d'implorer la pitié de personne, et c'est tout ce que je demande à Dieu pour elle.

Lors de la première réparation de ma

maison, j'eus le malheur de me casser la jambe, et je veux retracer ici toutes les circonstances de cet accident, qui ne s'effaceront jamais de ma mémoire. Les ouvriers, gens maladroits, travaillaient sur le palier de mon escalier de devant et ajustaient mal une pièce de bois. Cela m'impatientait ; je monte avec vivacité sur une petite échelle dont se servaient ces ouvriers, deux fois plus lourds que moi ; le quatrième échelon casse, je tombe et je sens l'os de ma jambe, au-dessus de la cheville, se casser comme un verre. Je ne puis pas dire avoir éprouvé une grande douleur dans ce moment, tant le coup fut rapide ; mais le sentiment de se sentir briser un membre est affreux. Je ne poussai qu'un cri, et ce fut : « Ah ! ma pauvre femme ! » Elle était alors absente. Tous mes ouvriers accoururent en me voyant étendu sur le plancher. J'essayai de me relever ; mais il me fallut rester : je n'avais plus de jambe pour me soutenir. On

me porta sur mon lit et on dit qu'il fallait sur-
le-champ m'ôter ma botte ; mais personne ne
voulut le faire ; j'eus le courage de la tirer
moi-même, ce qui ne fut pas difficile, car
le pied ne tenait plus à la jambe que par un
morceau de chair. La fracture était considérable ; l'os avait percé la peau, et le sang
coulait avec tant d'abondance, que bientôt
je me trouvai mal. Heureusement qu'une
voisine, qui était survenue, me donna un
verre d'eau sucrée, car sans cela je serais
tombé en faiblesse. On alla chercher ma
femme ; elle accourut, pâle comme une
morte. Un détail nous causa une grande
frayeur ; ce fut mon chien, qui sauta sur
mon lit au-dessus de ma jambe, laquelle
avait la forme d'un 7, mais heureusement
ses quatre pattes ne la touchèrent pas, sans
quoi il aurait pu me faire beaucoup de mal.

On courut après tous les médecins, et
bientôt j'en vis cinq ou six dans ma
chambre, des jeunes et des vieux. Les uns

demandaient de la paille et les autres du bois
pour me remettre la jambe, mais aucun ne
m'inspirait de confiance. Je voulais avoir
Merhold, célèbre pour ces sortes d'opérations.
On était allé après lui, mais il ne venait
pas. Enfin il parut, et sa présence me fit du
bien ; mais il est un peu brusque, c'est dommage. Il ne voulait point me remettre la
jambe, disant que l'honneur appartenait
aux anciens, et voilà une dispute entre eux
pour savoir lequel me ferait le plus souffrir.
On ne peut pas s'imaginer combien tous
ces débats me mettaient au désespoir et
augmentaient mes craintes et mes souffrances. Enfin je m'écriai : « De grâce,
Messieurs, n'augmentez pas mon malheur
par vos vaines disputes, et par pitié
donnez-moi des secours ; l'humanité vous
en fait un devoir. Je désire que ce soit
M. Merhold qui me remette la jambe, et je
le supplie de commencer sur-le-champ l'opération. »

Ces paroles produisirent de l'effet. Merhold
demanda du linge; le professeur Groschke
alla chercher des petites planches bombées
pour mettre ma jambe dans des étais ; on
fit des compresses, des bandages et de la
charpie ; puis trois hommes me tinrent ;
Merhold s'empara de ma jambe, la tira, la
tourna de droite à gauche et de gauche à
droite. Je sentais craquer les os et je criais
miséricorde, mais il n'en allait pas moins
toujours son train.

Enfin je le vis s'arrêter, pétrir en quelque
sorte ma jambe avec ses deux mains, et c'est
alors que je sentis encore bien mieux le
froissement des esquilles de la fracture ; mais
l'opération était finie ; il ne s'agissait plus
que de bander la jambe et de la renfermer
dans des planches ; je restai couché sur
mon dos pendant six semaines, sans pour-
voir remuer. On dit que le mal passé n'est
que songe ; mais je me souviendrai de celui-là toute ma vie ; c'est un malheur que je

ne voudrais pas souhaiter à mon plus grand ennemi.

Les plus grandes douleurs que j'eus après cela furent au talon. C'était comme si on me l'eût brûlé avec un fer rouge, et je ne sais comment j'ai pu supporter tous ces maux avec autant de patience. Il faut que j'aie une bonne nature, car je n'ai pas été un seul jour malade ; je n'ai pas même eu un accès de fièvre, et, lorsque je n'avais point de douleur, j'étais très gai ; car une certaine dame m'assura un jour qu'elle avait eu cette année beaucoup de plaisir à venir me voir ; mais, si flatteur que fût pour moi ce compliment, je ne pus pourtant lui promettre de me faire casser l'autre jambe l'année suivante pour renouveler le plaisir de ses visites.

Cette leçon m'avait un peu corrigé de ma vivacité. Après cela je ne voyais plus une échelle qu'en tremblant, et je fus bien un an sans oser mettre le pied sur aucune ;

mais que servent aux hommes les avertisse-
ments ? Bientôt je n'y pensai plus, et je
grimpai comme auparavant.

C'était la deuxième fois que cette jambe
avait été cassée ; malgré cela, elle ne me
fit jamais de mal, même dans les change-
ments de temps ; mais, comme il en est sorti cinq ou six petits os, que je retirai moi-
même de la plaie lorsqu'elle commença à se
guérir, elle est raccourcie, et je resterai
boiteux toute ma vie ; comme je ne serai jamais obligé de danser, ' cela ne m'afflige
nullement.

Enfin, après cet accident , je repris mes
anciennes habitudes ; mes jours s'écoulaient
si tranquillement et si heureusement que je
commençais à m'ennuyer de mon bonheur.
En tout temps et en tous lieux les hommes
ont presque toujours été de même ; l'uni-
formité de la vie, une trop grande prospé-
rité les fatiguent et les ennuient. Le roi
Philippe lui-même, à ce que raconte l'his-

toire, n'a-t-il pas prié Jupiter de lui envoyer quelque légère disgràce pour tous les biens qu'il lui avait faits ? et moi je priais le bon Dieu de m'envoyer aussi quelques petites affaires pour me donner l'occasion de me remuer un peu et surtout d'exercer ma démangeaison d'écrire. Mes vœux ne tardèrent pas à être exaucés plus complètement que je n'aurais voulu, car j'eus des procès à conduire, qui ont duré trois ans et qui m'ont donné beaucoup de tablature. Je m'en suis tiré avec assez d'honneur, et, si le bon Dieu me laisse encore assez de jours à vivre, je veux en faire un extrait, c'est-à-dire dépouiller toutes mes plaidoiries de ces répétitions fastidieuses, inévitables en parlant devant les tribunaux ; cela ajoutera un second volume à ma biographie. Bien des gens, qui ne haïssent pas les procès, et il ne s'en trouve que trop, pourraient y trouver de l'intérêt et même de l'amusement, car ils verraient, s'ils ne l'ont pas déjà vu, jusqu'où les avocats

et les juges peuvent porter l'ineptie, la mauvaise foi et la corruption, ce qui serait un
bien pour eux, si cela pouvait les guérir,
comme moi, de la manie des procès.

Avant de quitter ce chapitre scandaleux
des procès, je veux expliquer de quelle
manière je les ai conduits moi-même et sans
le secours d'aucun avocat. Aux personnes
qui seraient tentées de me dire que cela est
impossible, puisque je ne sais pas assez
l'allemand, je répondrai que je parle mal
l'allemand, en effet, mais que je comprends
tous les mots ; ceux que je ne comprends pas
bien, je les devine ; et mieux encore, j'avais
un excellent traducteur à mes ordres, et ce
traducteur était ma femme. Elle m'a traduit
en français toutes les plaidoiries des avocats
de mes adversaires, qui étaient les plus re-
tors de la ville (le vieux Wittenheim et
Mœnch). Je rédigeais ma défense, qu'elle
traduisait du français en allemand et si bien
que, lorsqu'on les lisait à l'audience, les

juges et les secrétaires ne pouvaient s'empêcher de montrer leur approbation à tout
ce que je disais. Cela, je le sens, n'est pas
très modeste de ma part ; mais pourquoi
m'en taire, puisque c'est la vérité ? Si l'on
savait quelle peine cela m'a coûté, on par-
donnerait volontiers à ma vanité ce petit
dédommagement, qui n'est qu'une chose fort
naturelle. Ma femme a écrit de quoi faire
plusieurs in-folio ; elle en conserve les minutes et peut prouver matériellement à ceux
qui voudraient en douter que tout ce que
j'avance est vrai.

Mes procès ont été contre un juif, un
voleur avec effraction, qu'un conseiller de
Beitler, devenu ensuite mon voisin, a fait
relâcher pour faire parade d'humanité ; mais
est-on bon citoyen lorsqu'on préfère l'intérêt d'un fripon à celui d'un honnête homme ? J'ai plaidé aussi contre la police, qui
n'est pas toujours très policée, ou plutôt
contre le maître de police d'alors, qui

n'était pas un méchant homme, mais faible et un peu borné, et qui s'était laissé corrompre par le juif pour lui donner un faux certificat. J'ai cependant perdu mon procès contre lui sans qu'il ait osé se défendre ; mais c'est un chef-d'œuvre d'iniquité de la part des juges et qui montre jusqu'où la corruption peut aller. Cela m'a coûté cinquante roubles de frais, mais je ne voudrais pas, pour ces cinquante roubles, ne pas avoir acquis le droit de parler d'eux comme je l'ai fait dans mes écrits. Plusieurs se sont conduits, dans cette affaire, pire que des brigands. Je ferai aussi leur portrait après le chapitre de M. de Beitler, et, si tous ces gens-là vont au ciel, personne n'a besoin de rien craindre.

Mon journal me ressemble ; il tire à sa fin, et c'est une conséquence naturelle, mais je ne puis le finir sans reparler de mes enfants. Depuis mon retour de Pétersbourg, en 1807, jusqu'à ce jour, vingt-trois ans se sont écoulés. J'ai souvent parlé de Modeste, et je l'ai vue presque tous les ans ; je n'ai rien dit de Victoire, et qu'on ne s'imagine pas que c'est par oubli. Il ne s'est point passé d'année sans que j'aie eu de ses nouvelles et que je ne me sois occupé d'elle, selon que les circonstances l'exigeaient. Elle est restée près de dix ans chez Mme de Lanskoy, où elle était comme l'enfant de la maison ; mille fois plus heureuse que des milliers de jeunes filles dans la maison de leurs parents. Elle vivait dans le grand monde, aimée, chérie, et elle eut même l'honneur de manger plusieurs fois avec S. M. l'empereur Alexandre à Grodno et à Varsovie, ce qui, malgré son ambition démesurée, était plus qu'elle n'aurait jamais osé espérer. Mais, malgré son bonheur, elle fit aussi comme moi, elle se fatigua d'être trop bien et voulut plusieurs fois tâter d'un peu de changement ; un jour qu'elle m'y avait fait consentir, car je ne le voulais pas, Mme de Lanskoy s'en plaignit auprès de moi, ainsi qu'on le verra dans la

lettre ci-après qu'elle m'écrivit de Pétersbourg
le 7 juillet 1816.

« Monsieur,

« A mon arrivée ici, Mademoiselle votre
fille me fit part de vos projets et desseins
de me quitter. Elle m'annonça aussi une
lettre de votre part; ne la recevant pas, je
me détermine à vous écrire pour vous prier,
Monsieur, de m'accorder la faveur de me la
laisser encore une année. Ce n'est pas de ma
faute que ma lettre ne vous est pas parvenue, mais un vrai guignon pour moi ; car
j'espérais de votre délicatesse que, sachant
que Mademoiselle votre fille ne m'était jamais
plus nécessaire qu'à présent, mon attachement pour elle vous porterait à un sacrifice
de quelques mois. J'ai même l'indiscrétion
de réitérer encore ma prière à ce sujet et
voici quelles sont mes raisons.

« Dans l'espérance d'une réponse favorable
de votre part, je pris mes engagements en

conséquence. Mon mari est parti pour faire une tournée sur ses biens ; il ne reviendra qu'au mois de septembre. La noce de ma fille aînée doit avoir lieu décidément au mois de janvier. Il me serait donc bien doux qu'une cinquième fille assistât à une époque si heureuse dans ma famille. Ne me refusez pas cette grâce, vous êtes père et époux ; de pareils événements n'arrivent pas tous les jours. Une union de huit ans ne me donne-t-elle pas quelques droits ? A ce sacrifice, ou service que vous m'avez rendu de me confier Mademoiselle votre fille, vous ajouterez encore celui-ci, et ma reconnaissance sera éternelle.

« Je vous prie de me croire, Monsieur, avec la plus parfaite considération, Votre, etc.

« Pauline LANSKOY. »

Il est impossible de recevoir une lettre plus flatteuse pour moi de la part d'une telle dame, et plus honorable pour ma fille. Elle m'en a encore écrit plusieurs de cette espèce dont je veux copier ici la plus petite, pour prouver combien ma fille fut heureuse dans cette maison. La voici :

« De Varsovie, le 30 août 1815.

« Je viens de recevoir votre lettre, Monsieur, et je m'empresse d'y répondre pour calmer vos inquiétudes au sujet de Mademoiselle votre fille. Je suis bien étonnée de ce que ses lettres ne vous parviennent pas, car il me paraît qu'elle vous écrit assez souvent. Je sais qu'elle vous a fait part du projet de me quitter; c'était sa délicatesse qui l'y portait. Elle était presque arrangée avec la dame chez laquelle elle passait en sortant de chez moi, mais ayant vu ensemble qu'elle n'y aurait pas trouvé ce qu'elle désirait, elle consentit à me rester, et je n'ai qu'à me louer de posséder Mademoiselle votre fille; j'espère que nous ne nous sépa-

rerons que quand elle trouvera décidément
mieux que chez nous (cela était impossible).
Je vous prie, Monsieur, de vous tranquilliser
sur ce qui doit naturellement tant vous intéresser, et croyez-moi avec la plus parfaite
considération, votre, etc.

« Pauline LANSKOY. »

Malgré tant d'amitié et de contentement
de part et d'autre, il fallait pourtant bien
une fois se quitter. Les filles de Mme de Lanskoy s'étant mariées l'une après l'autre et
Victoire n'étant plus utile dans cette maison,
elle ne voulut plus y rester, par délicatesse, comme dit Mme de Lanskoy. Elle
s'engagea à Pétersbourg dans la maison
de M. Niloff, gouverneur de Kasan, et partit
avec toute la maison de ce seigneur, au
nombre de laquelle était son médecin, dont
Victoire me parla dans sa première lettre
comme en badinant sur les attentions qu'il
lui avait témoignées pendant la route ; mais

il n'avait pu la séduire, parce qu'elle le trouvait un peu noir, me disait-elle. Je plaisantai aussi de cela avec elle en lui prédisant que ce serait pourtant son mari noir ou blanc, et ma prédiction n'a pas tardé à s'accomplir, car le 19 novembre 1820 Mme de Niloff m'écrivit la lettre suivante :

« Monsieur

Mlle Thoury demande votre bénédiction pour l'assurance de son bonheur, et je me joins à elle pour vous faire la même prière ; mais, comme je m'adresse à un tendre père qui ne veut que le bonheur de ses enfants, je me crois en devoir de vous donner quelques détails sur M. Thiele. C'est un jeune homme que nous connaissons très particulièrement depuis un an qu'il est chez nous, et je dois rendre justice à son mérite à tous égards. Médecin excellent, il est sur un très bon chemin ; homme d'honneur et de bons principes, il fera certainement le bonheur de son épouse. Que faut-il de plus ? Dans le courant de l'hiver, il sera fait professeur ; mais par l'amitié qu'il nous porte, ainsi que sa future, ils resteront avec nous, et cela leur épargnera bien des dépenses.

« Par les droits que vous avez eu la bonté de me donner sur ma bien-aimée Victoire, j'y ai donné mon consentement ; veuillez me donner aussi la permission de les unir et recevez l'assurance de l'estime la plus vraie de celle qui a l'honneur d'être, etc. »

Que devais-je faire et dire après cette lettre ? Rien autre chose que d'écrire à peu près à Mme de Niloff la lettre suivante :

« Madame,

« Dans la première lettre que Votre Excellence m'a fait l'honneur de m'écrire, elle me promit le bonheur de ma fille auprès d'elle, et j'en fus certain, puisqu'elle-même pouvait remplir son oracle ; mais aujourd'hui qu'elle la confie à un autre, cela change beaucoup la thèse. Cependant, d'après les assurances qu'elle me donne de la solidité des principes, des mœurs et surtout de la capacité de M. Thiele dans son état, je ne puis que confirmer avec joie la promesse que Votre Excellence lui a faite de la main de ma fille.

« Vous devez juger, Madame, de toute l'étendue de ma confiance en vous pour consentir de bon gré à donner ma fille à un homme que je ne connais pas. Sans doute qu'elle était la maîtresse de se marier ; mais j'étais aussi le maître de lui donner ou non mon consentement, et, malgré tous les éloges qu'elle seule aurait pu me faire de son futur, je ne l'aurais certainement pas fait sans votre suffrage, de peur de me compromettre trop légèrement, puisque les éloges que donne l'amour sont si suspects qu'ils embellissent jusqu'à nos défauts, et que ma fille même trouve que son futur n'en a aucun. Cependant, je suis charmé de cela, puisque c'est la preuve qu'elle l'aime ; mais moi je lui en trouve au moins un, c'est de n'avoir que vingt-huit ans ; j'aurais désiré au moins trente-cinq ans à mon gendre pour être plus sûr que l'expérience a mûri ses réflexions, Cependant, comme j'ai une grande prédilection pour les gens de son art et de sa nation, je le lui passerai s'il remplit les promesses qu'il me fait de rendre ma fille heureuse.

« Ce n'est qu'à vous, Madame, que je puis ouvrir entièrement mon cœur dans cette circonstance, puisque ma fille n'est sûrement plus capable d'aucune autre réflexion que celle des apprêts de sa noce. Je n'aime point les mariages qui se font si promptement. J'aurais beaucoup de choses à dire à ma fille ; mais je dois me taire quand je n'y vois plus de remède. Seulement vous me pardonnerez si j'ose vous dire que vous vous êtes chargée seule d'une

grande responsabilité ; car, dites-moi, je vous
en supplie, si ce couple, qui paraît si heureux en ce moment, y a suffisamment et bien
réfléchi ? Tant que vous serez leur appui,
nul doute que tout ira bien ; mais, si M. de
Niloff était appelé ailleurs, en un mot, s'ils
avaient le malheur de vous perdre, êtes-
vous entièrement persuadée que M. Thiele
est en état de soutenir son épouse ? Il n'y
a point de mal que ma fille rabatte un peu
de l'état de grandeur où elle a vécu jusqu'à
présent ; mais le mariage fait naître des
besoins qu'il est dur souvent de ne pas
pouvoir satisfaire, qui font naître ensuite
les regrets, et voilà pour mon propre repos
ce que je ne voudrais pas avoir à craindre
pour elle.

« Son mari ne me parle point de l'espérance que vous me donnez de devenir professeur cet hiver. Veuillez, Madame, continuer
votre bienveillance à mes enfants. C'est sous
vos auspices que je leur envoie mon con-

sentement. Dieu veuille que mes vœux pour eux s'accomplissent ! Je suis avec le plus profond respect,

« Madame, de Votre Exellence, etc.

« Le 6 décembre 1820. »

Je ne parlerai point des lettres de ma fille; mais mon futur gendre m'a écrit aussi une grande et belle lettre le 13 novembre, et voici la réponse que je lui ai faite le même jour que celle de Mme de Niloff :

« Monsieur,

« Votre lettre m'ayant été annoncée par celle de ma fille, elle m'a par conséquent moins surpris qu'elle ne m'a causé de satisfaction, puisque, d'après les assurances de Mme de Niloff, vous êtes un parfait honnête homme et que vous me protestez que voulez faire le bonheur de ma fille.

« La flatterie n'est pas mon faible, Monsieur, et je vous parlerai sincèrement. Vous êtes encore fort jeune, et ce n'est pas un vilain défaut, mais je vous avoue que, si je n'avais pas une si grande prédilection pour les hommes de votre état et surtout de votre nation, qui sont infiniment plus solides que ceux de la mienne à votre âge, il est certain que rien au monde n'eût arraché mon consentement de vous donner ma fille avant de vous connaître personnellement.

« Vous voyez que je suis sincère ; mais permettez-moi de vous demander si vous avez suffisamment réfléchi tous les deux avant de prendre vos engagements ; si vous avez réfléchi en particulier qu'en désirant devenir le gendre d'un émigré français, ce titre donne malheureusement le privilège de ne pas donner de dot à sa fille et lui ôte en même temps le droit de demander à son gendre quelle est celle qu'il apporte à sa femme. Un peu de la richesse de Bias, beaucoup de probité nous suffisent ; mais il en faut pour vivre dans ce monde, et c'est ce que j'espère que vous apportez à ma fille. Mme de Niloff est ma caution, et ce n'est donc que sur les assurances qu'elle me donne que vous ferez le bonheur de sa protégée que je ratifie avec plaisir son consentement.

« N'ayant jamais eu de plus ardent désir que celui de faire le bonheur de mes enfants, vous devez facilement concevoir que celui qui s'en charge pour moi me deviendra infiniment cher. Ainsi donc, c'est dans la persuasion que vous êtes celui que le sort a destiné pour cela, que je vous donne ma bénédiction avec un sentiment de plaisir que vous me raviriez si vous ne remplissiez pas la promesse que vous me faites, et que vous allez ratifier aux pieds des autels, de contribuer de tout votre pouvoir à la félicité de ma fille, et c'est dans cette confiance que je suis pour la vie, avec les sentiments de la tendresse paternelle la plus vive,

«Monsieur, votre affectionné père et ami.»

Le ciel a béni leur union, car, depuis près

de dix ans que Victoire est mariée, elle n'a
cessé de me parler de son bonheur, de sa
maison, des qualités et de la tendresse de
son époux, dont elle semble être plus amou-
reuse que le premier jour. Elle a un fils dont
elle m'a envoyé le portrait et qui est un si
bel enfant que tout le monde l'admire. Dieu
veuille qu'il devienne aussi bon qu'il est beau.
M. Thiele est chef du comité médical du gouvernement de Kasan et vient d'être chargé,
dans le moment où j'écris, d'une commission
importante par le ministère; on assure qu'il
est sur le chemin des honneurs et de la fortune. Dieu le veuille encore pour mes enfants!

Quant à Modeste, qui est restée en Courlande, son rôle ne fut pas grand; mais, comme
tout est relatif dans le monde, son sort a été
aussi heureux qu'il pouvait l'être. Elle n'avait
ni l'ambition ni les prétentions de sa sœur;
elle a été dans trois ou quatre maisons, et
malgré son peu d'instruction, elle fut toujours
chérie et regrettée partout, parce qu'elle

remplissait son devoir, qu'elle était enfant avec les enfants et leur apprenait à jaser plus vite que ne pourraient faire les meilleures gouvernantes. Elle n'avait pas le quart des appointements de sa sœur, et elle économisait davantage; enfin elle s'est trouvée dans une bonne maison, où le bailly, l'homme de confiance, la rechercha en mariage; il était veuf et n'avait qu'un seul enfant; c'était un honnête homme et même à son aise. Modeste pouvait avoir un bon équipage à son service, des vaches, des poules et tout ce qui se trouve dans un bon ménage à la campagne: ce qui avait toujours fait ses délices. Tel est l'homme qu'elle voulut épouser; je le lui accordai. J'ai été la voir un jour, et je la trouvai fort contente de son sort, surtout d'avoir deux ou trois enfants, richesse dont je ne lui souhaite pourtant pas d'accroissement.

D'après tous ces détails, j'espère avoir donné la preuve que j'ai fait le bonheur de mes enfants, en les arrachant de la France, où pas un seul individu du côté de leur mère ne s'inquiétait d'elles ni ne voulait leur servir d'appui. Qu'y seraient-elles devenues ? Des servantes et peut-être encore moins. Aujourd'hui, elles sont établies chacune d'après ce qu'elles pouvaient espérer ; elles sont mères de famille; elles ont leur pain assuré, et je puis dire en mourant que j'ai rempli mon devoir comme père, puisque, si l'on se rappelle dans quel état je me suis trouvé en me remariant, on a vu que je m'étais deux fois totalement épuisé pour mes deux filles ; mais je leur déclare encore ici, ainsi qu'à mes deux gendres, que j'ai voulu faire aussi mon devoir comme un mari juste et honnête homme, qu'ils n'ont rien à prétendre ni à espérer après ma mort, car j'ai tout laissé à ma femme par mon testament, comme étant une chose de toute justice, puisque, sans elle, je n'aurais peut-être pas laissé de quoi me faire enterrer, et que c'est à elle que je

dois uniquement tout le bonheur de mes
vieux jours. Mais si, à sa mort, elle laisse
quelque petite chose, je l'ai priée de se souvenir des enfants de mes filles, si les pères
et mères s'en sont rendus dignes en respec-
tant mes dernières volontés ; elle fera aussi
tout ce qui est juste, j'en suis certain ;
mais jusque-là c'est aux maris de mes
filles de travailler pour leurs femmes et
leurs enfants, ainsi que je leur en ai donné
l'exemple.

Nous sommes en 1832. Je suis né en 1766
et par conséquent j'ai atteint mes 66 ans.
Mon journal était fini, mais mes affaires ne
l'étaient pas ; à ce point de vue, le 21 janvier 1832 fut un jour heureux pour moi, et
encore plus pour ma femme. Ce jour-là, en
effet, j'ai payé mille écus ou 1.333 roubles
de dettes; j'ai assuré une pension alimentaire
de 150 roubles par an à ma femme et je me
suis débarrassé de ma maison en faveur du
chevalier Guilbert et de sa femme, ce qui

n'était pas facile à trouver dans un temps
où l'on voit donner pour 4 et 5.000 roubles
des maisons en pierre, les plus belles de la
ville, qui ont coûté 30 et 40.000 roubles, et
d'autres comme la mienne pour 14 ou 1.500
roubles. Cependant ce fut ainsi, au grand
contentement de ma femme, que je me sau-
vai d'un naufrage presque universel, puisque c'est comme si j'avais retiré 3.800 roubles
de ma maison.

Cependant, chose qui ne m'était pas arrivée
depuis longtemps, j'ai pleuré à la signature
du contrat, en pensant que je laissais bien
peu de chose à ma femme après ma mort,
après avoir fondé de si belles espérances sur
l'achat de ma maison, en un temps où ce
placement rapportait beaucoup ; mais elle
sait que ce n'est pas ma faute, et elle est
plus raisonnable que moi en se conduisant
d'après cette sage maxime : « On a toujours
assez quand on est satisfait du peu qu'on a. »
Il est vrai qu'elle est assurée d'avoir encore

après ma mort une petite pension du Gymnase, et, avec ce qu'elle gagne, elle aura de quoi vivre ; je mourrai content.

Le grand maître des forêts, au sortir du superbe dîner que nous a donné le chevalier, me dit d'un ton qui exprimait l'intérêt et la sincérité : « Vous avez agi en homme d'esprit, et je vous en félicite. Jamais je n'ai assisté à la signature d'un contrat aussi favorable pour les deux parties. Guilbert ne court aucun risque, et vous, vous sauvez un petit capital pour votre femme et vous gagnez votre repos, puisque vous n'avez plus à craindre les réparations, ni le manque de locataires. »

Juste remarque, car c'étaient là les deux préoccupations qui m'ont constamment inquiété et donné du chagrin.

FIN

18.

TABLE DES MATIÈRES

CHAPITRE IX

CHAPITRE X

CHAPITRE XI

FIN DE LA TABLE DES MATIÈRES